70歳からの軽やかな暮らし

今ここにある小さな幸せを大事にする31の知恵と工夫

石黒智子

PHP

はじめに

この本を手に取ってくださったあなたは何歳ですか？　私は70歳です。

60代の終わりの3年近くをコロナ禍で過ごし、69歳で自動車免許証の更新をしなかったので、ほとんど歩きの生活を1年間経験しました。なんの不便も不満も感じることなく1年が過ぎ、このままずっとこんな毎日が続くのだろうか、とぼんやり思っていました。

ところが、70歳になって敬老パス（横浜市敬老特別乗車証）が使えるようになると暮らしは一変。敬老パスはタダではありません。1年分を前払いしているのです。元をしっかり取らなくてはと調べてみると、私の住んでいる横浜からはバス、地下鉄、シーサイドラインを乗り継いで鎌倉まで行けるのです。

温室のある園芸店、市営プール、大型書店も乗り換えなしで行けます。スーパーにはない食材が買えるデパ地下は、1階エスカレーターの側で降車。なんて便利なの！　夫とピクニックに行く市立美術館と専門書を閲覧できる県立図書館へは1回の乗り換えです。スーパーへは行きは歩き、帰りはバスになりました。パンのおいしい春と秋にはホームメイドのパン屋さん巡りをしたい。12月はクリスト・シュトレンを探したい。

70代は楽しそうです。

バスは定刻には来ないことがあるので、待つ間に読む本探しを始めました。バッグの中に収まるサイズ、どこからでも読めて、軽い本。バス本と名付けました。この本はバス本として読みやすいように意識して書きました。

石黒智子

70歳からの軽やかな暮らし　もくじ

はじめに　2

1

合言葉は
こまめ、こぎれい、こざっぱり

こぎれいな台所、こざっぱりした身支度に笑顔　10
掃除道具の見直し　16
エコバッグをどうしよう　19
破《わ》れ鍋に綴じ蓋で気楽がいい　23
天然ハッカオイルをシュ、シュ、シュ　28
70歳からの部屋着　31
コートは着なくてもいい？　35

2

これからのレシピと道具と食卓と

不味《まず》く作りようのない家庭料理　38
冷蔵庫の中がどんどん地味になっていく　43
食卓には小さく花を飾って　48
台所道具の見直し　51
1年で一番幸せな日は誕生日　55
夫の反抗期　58

3

ひとり、ふたり、そしてだれかとの時間

それぞれに好きなものを飲み、好きなものを食べる　62
これからはひとりの時間をもっと自由に　68
コーヒーを止めて浮いたお金で買いたいものは……　73
これからのおもてなしはロイヤルルイボスティーで　81
良きことは重なるように、悪しきことは続かないように　85
気に入るものに出合えないから自分で作る　89

4

70代、ささやかな幸せを大切に暮らしたい

45年ぶりに友と再会　94
バス待ちの本探し　108
おしゃれを褒められて　112
自分のものさしではかれるのは自身の心根だけ　115
バス友　119
だれかの厚意を温かく見守りたい　121

5

あるべきものは
あるべきところに

とらやのAN PASTEがどこにもない？ 124
向田邦子のエレベーター 128
暮らしの中で楽しむ脳トレ 132
70歳を過ぎたら毎日がMMC 136
もう作者は忘れたままでいい 138
日本人のよき慣習 140
おわりに 142

1

合言葉は
こまめ、こぎれい、こざっぱり

こぎれいな台所、こざっぱりした身支度に笑顔

仕舞い忘れがひどい。雑巾が必要になってストックを出しに納戸の引き出しを開けたら、隅から何年も前に手作りしたキッチンブラシが出てきました。

どうしてここに入れたのかさえ思い出せません。今使っている手作りより遥かにデザインも仕上がりもいい。とっておきにと、入れておいたのだろうけれど、そのまま忘れてしまったのです。その後にいくつも作りました。部屋の引き出しは1年でぐるりと整理するので、何年もしまい忘れたまま、ということはないのだけれど、納戸の引き出しは日用品のストックと息子のものだけなので、点検の必要を感じていなかったのです。これでは、作った意味がない。作ったものは見えるところに置く。猛省しました。

置き場を決めても、しばらく使うことがなかった道具は、いざ使うときに出てきません。ミルクティーを作るときに使うデジタルクッキング温度計を挟む

クリップは、温度計が壊れて棒状温度計に買い替えたときに、必要がなくなって引き出しに入れておきました。壊れたと思っていた温度計が動いて、使えるようになったとき、クリップのことをすっかり忘れて、熱いなぁと思いつつ手で持って使ったのです。あるとき、引き出しを整理して思い出しました。「あら、これがあったんだわ」。

持っている道具を忘れるなんて、60代では考えられないことです。キッチンブラシと温度計クリップは台所の見えるところに吊るしました。落とし蓋《ぶた》も見えないと使わないから、ガスコンロの近くに吊るしました。鍋敷きも吊るしました。台所に吊るすものがどんどん増えていきます。これが70代からの台所。スッキリシンプルとは言えないけれど、そこそこにこぎれいならよし、としたい。

銀行のロビーで「石黒さぁ〜ん」と叫ばれて振り返ると、3年ぶりのPTA仲間、Mさんでした。マスクをしていても、若々しい。

「Mさんって若いねぇ。仕事してる?」「もちろん現役よ。辞めてもいいけれど、ボケそうでね」と元気いっぱい。『アニー・ホール』のダイアン・キートンの

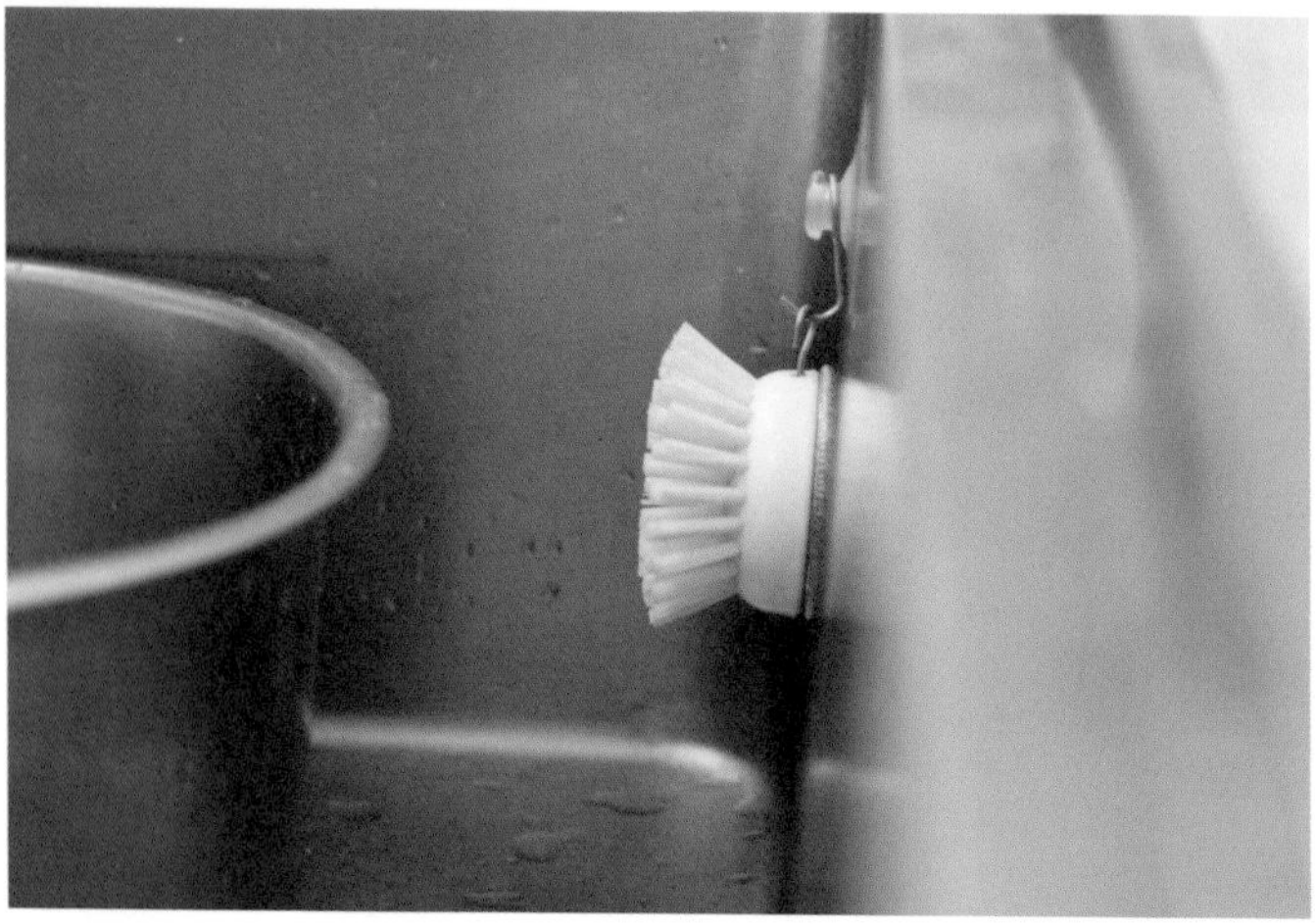

ザルを洗うキッチンブラシは円を描くように回して使うので円形に作りました。
シンクの中に吊るせるフックつきです。

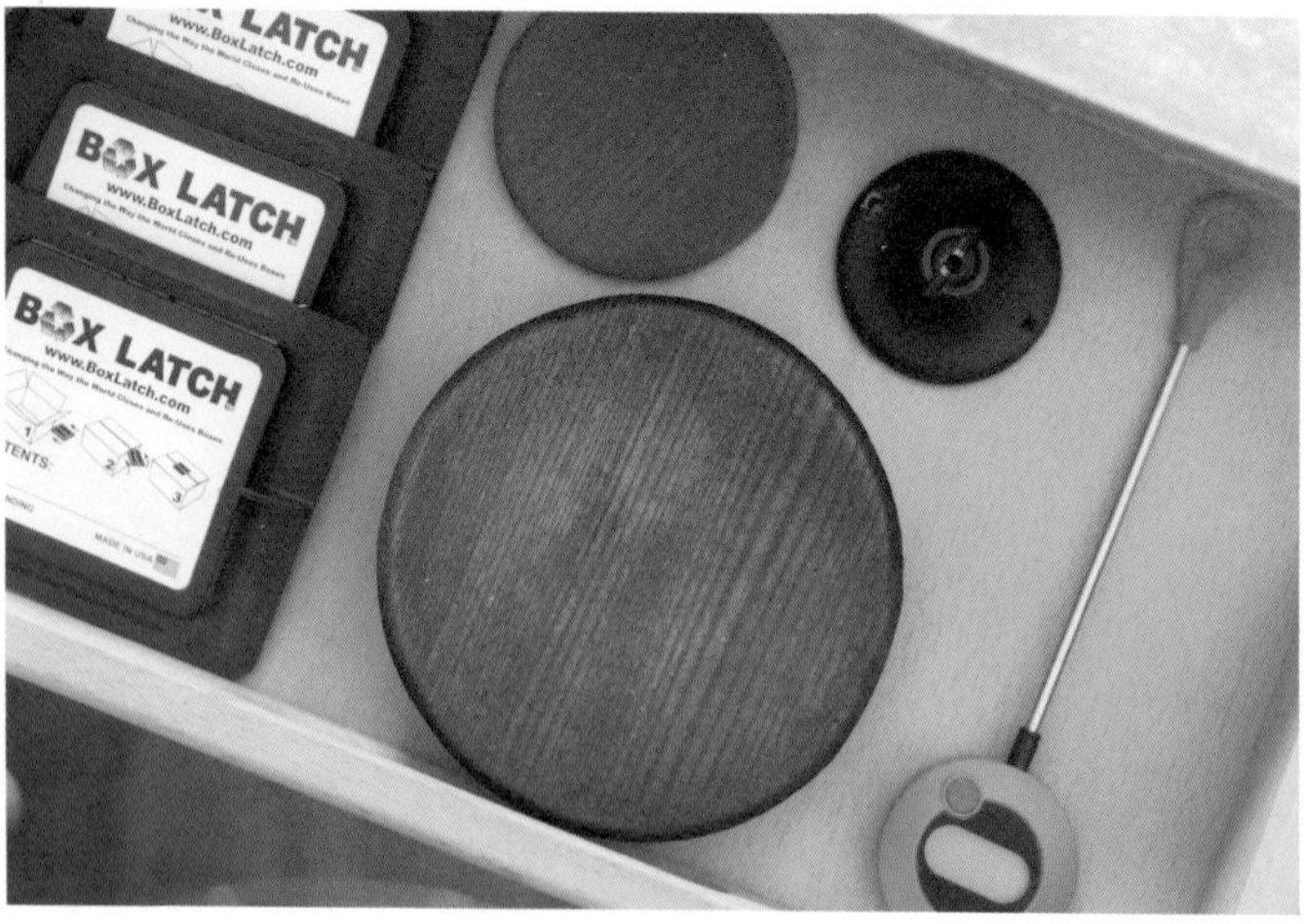

台所道具を整理してゆったり収納。左はダンボール箱を閉じるボックスラッチ。
真ん中は手作りの鍋敷き。黒いのが手作りの温度計クリップ。右がデジタルクッキング温度計。

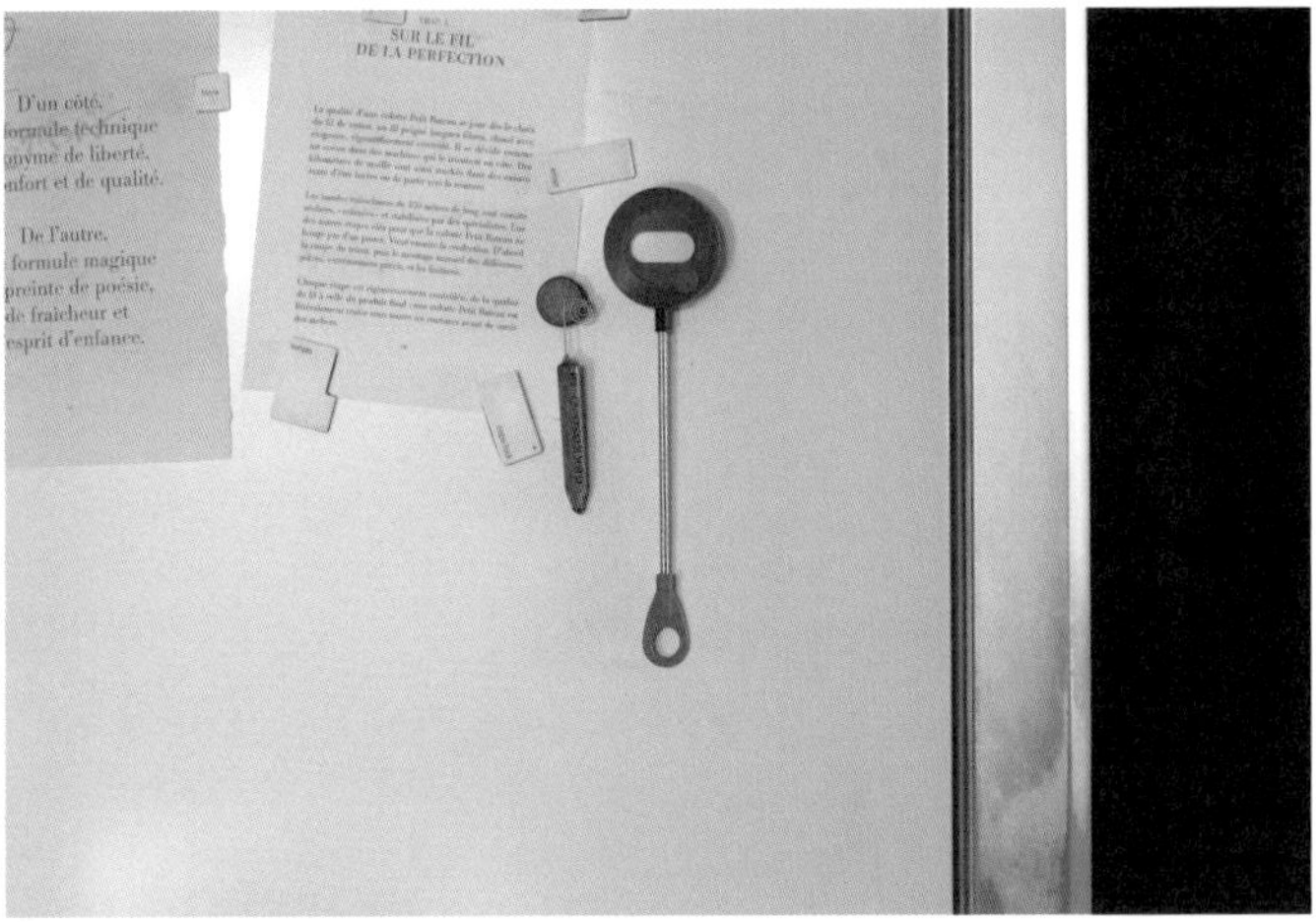

マグネットつき、電池交換をLOWで表示、表示が読みやすい角度に動く優れもののデジタルクッキング温度計。アマゾンにて購入。

台所道具は家族にわかりやすい決まった場所に吊るします。他へ置き忘れてもうっかりゴミ箱に捨ててしまってもすぐに気がつくように。フックは全部手作りです。

ような笑顔が素敵です。「この後どこへ行くの？」「図書館へ」「なら、送れるわ、車で来てるから。久しぶりだもの近況教えて」「それではお言葉に甘えさせていただきます」。

そんな遣り取りがあって、図書館の前で別れました。Mさんは3年前よりずっと、見た目だけではなく気持ちも若かった。なぜだろうと考えて思い出しました。3年前までの彼女はばっちり化粧してダイヤのピアスをつけていました。今はスッピンでピアスもなし、サンドベージュ色のTシャツに真っ白なパンツ姿。ブランドのバッグも卒業。シンプルな装いが気持ちを若々しく保つ秘訣のようでした。

友人のひとりは髪が細くて弱いから白髪染めを自分ではしない。月に1度行きつけの美容院で染めてもらう、おしゃれのこだわりはそれだけ、と言います。スッピンにワンピース。麦藁《むぎわら》帽子と日傘がよく似合い、いつも『メリー・ポピンズ』のジュリー・アンドリュースのような笑顔です。

私は若いころからスッピンだけど、爪の手入れだけは怠《おこた》りません。ささくれないように夏でも爪と周りにハンドクリームを1日数回擦り込みます。こまめに切り揃えます。服は制服のように同じデザインを数枚持ちます。アクセサリーはプエブコのペンダントルーペとマーガレット・ハウエルのシルバーの指輪。ふたりの笑顔、私も忘れないようにしたい。

掃除道具の見直し

充電式掃除機の充電池寿命は8年でした。使用回数は500回だから月に5回の充電だったということです。故障はなくきれいだから、充電池の交換だけでまだ使い続けることができるのだけれど、充電時間が短く連続使用時間が長くなった新機種に買い替えました。別売りのフレキシブルホース、棚用ブラシ、ラウンドブラシは旧タイプが使えるので本体のみを購入。旧機種で気になっていたパイプの接続とゴミストッパーが改良され格段に使いよくなりました。充電回数は前と同じ500回でも使用時間が長くなって10年以上使えそうです。

掃除にはハタキと帚《ほうき》とモップも使います。帚は3年でダメになるけれど、ストックがあるので安心。ちりとりに使っているはりみは数カ所の擦り切れを見つけたら歪む前に縁を貼り直し、一生使います。

40年以上前に買ったコート用のブラシは、ベッドメーキングにも最適だった

温室に吊るしたミニダストパンとブラシ。庭で使う道具は置き忘れてもすぐに見つかる色を選びます。フックは手作り。

はりみは、竹ヒゴを組んで紙を貼り、耐久性を高めるために柿渋を塗って仕上げます。帚の幅より広く、重さは120gぐらい。静電気が発生しないのでちりが舞うことなく使えます。

からシーツのブラッシングに毎日使って、短く厚みも半分以下になりました。何年も前から同じものを探して、作りのよく似たものをネットで見つけ、問い合わせたら、すでに廃業とのことで残念。2分で済んだシーツのブラッシングに5分以上かかるようになりました。でも、動物の毛のブラシではやわらか過ぎてピシッとできないの。シーツは植物繊維だから植物性のブラシがいい。納得する同等品に出合えるまで探します。それまではこのブラシで。

庭と温室の掃除はシュロの庭帚と室内で使って短くなった帚が使いよく、それにレデッカーのミニダストパンとブラシのセットを買い足しました。ダストパンは小さなちりとりとして、球根の植え付けや苗の移植にもちょうどいいサイズです。ブラシは植木鉢の土汚れや球根を保存するときの汚れ落としに使います。これ、子どものお手伝い用なんですって。子ども達のためにしっかりデザインした道具を作ろうとする文化っていいですね。

エコバッグをどうしよう

スーパーへは、20年以上前に買ったエコバッグを持っていってたけれど、さすがにくたびれてきたので、買い替えを探しました。70歳を過ぎてこれから使っていくのだから、丈夫で長持ちより、小さく畳めて嵩張《かさば》らないのがいい。耐荷重は5kgで十分です。

理想はバイオマスプラスチックのレジ袋。汚れたら洗って、くたびれたらゴミ袋に使って捨てる。バイオマスであることやブランドのロゴを殊更《ことさら》に強調しない、街並の景観に似合う明るいシックな色でちょっとおしゃれなデザインが70代には相応《ふさわ》しい。肩に掛けることがないので持ち手が短いもの。

これだけ我がままな条件を並べてもたくさん見つかりました。同じサイズでも厚みによって重さが倍以上に違います。値段が高いと素材やロゴにそれなりの高級感があるけれど私には似合わない。何日もパソコンで検索を楽しんで一

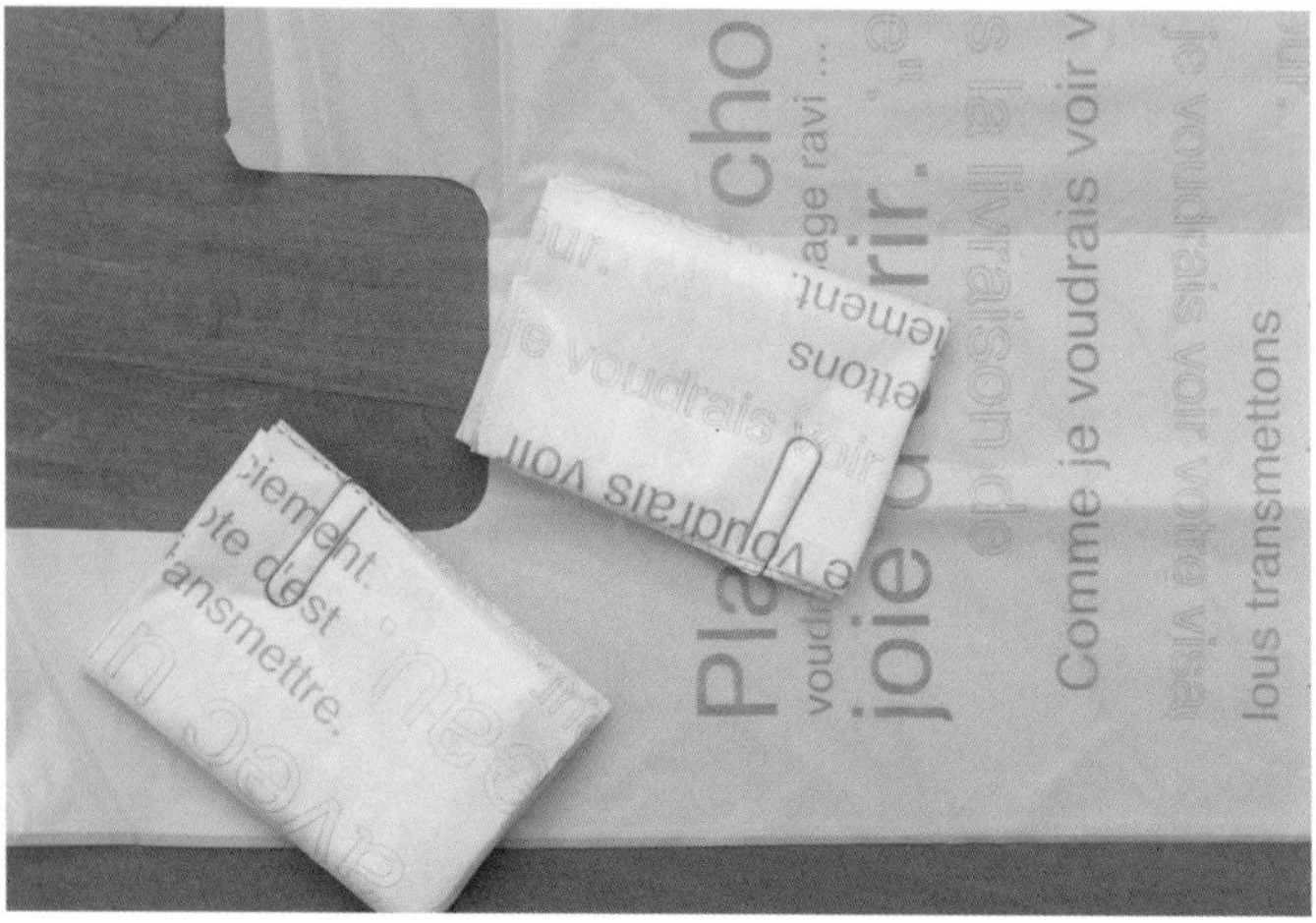

エコであることはもちろん、持ち歩くのだからデザインも大事です。

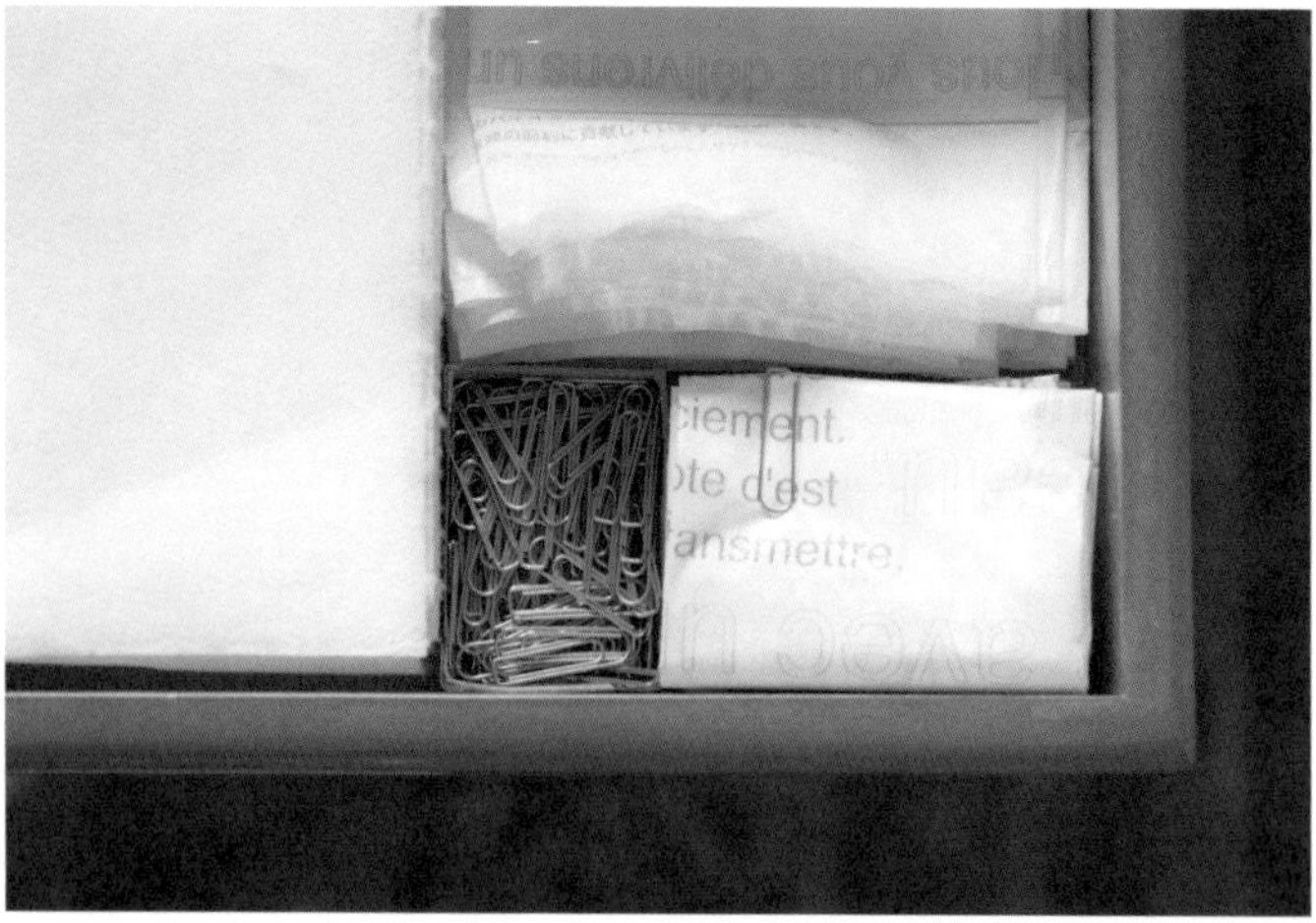

さっと取り出せるように台所の引き出しに収納。畳んでクリップで止めるとジャマになりません。

エコバッグとして使うバイオマス30％のレジ袋は、こまめに洗濯ネットに入れて洗濯します。よれよれになったら、ごみ袋に下ろして新しく。

番気に入ったのは、バイオマス原料30％配合Lサイズで1枚の重さ8g100枚入りで1700円。台所に専用の引き出しを用意しました。畳んでクリップで留めれば小さく収まります。しわを伸ばして、キチンと畳めば、ひと月使ってもよれよれにならなかった。でも、自分ではそう思わなくても端《はた》から見ればくたびれた袋に見えるだろうからと月初めに新しくします。装いを客観視することは大切なことと意識して暮らしたい。

前のエコバッグは捨てずに済みました。ナイロンアクリルコーティングのトートバッグです。内ポケットにポリ袋数枚を入れ、苗が倒れないように底板を敷いたら園芸店用にぴったりでした。ロゴの擦れ具合が素敵です。20年以上使ったのだから、元は十分に取れているけれど、使い回し先を見つけられてよかった。使うたびに洗濯機で洗って、1時間で乾くのもいい。

破《わ》れ鍋に綴じ蓋で気楽がいい

夕食後「明日はなにを作るの？」と訊くのは私です。

「昼は米ナス丼で、夜は餃子」と夫が答えます。

「それじゃあ、朝食は玉子サンドにするから、茹で玉子2個で作っておく。明日は本屋へ行きたいからお昼は10時半にしてね。少し休んで12時のバスに乗りたい。出先でトイレに行きたくないから、食後はデザートだけで、コーヒーは帰ってから」


翌日、出先から戻ると台所のテーブルに封が切られたドリップバッグと薬缶《やかん》とビーカーが出しっ放しになっていました。私が出掛けた後、夫はコーヒーが飲みたくなって自分で入れようと思ったけれど、入れ方がわからなかったのです。いつも私が入れるのを見ているから、できると思ったのでしょう。でもビーカーにドリップバッグがセットできない、お湯の量がわからない、と諦めたのです。

「まず、ビーカーに150㎖の水を入れる。それを薬缶に移して沸騰させる。薬缶は蓋を開けたときに空っぽを確認してね。水が入っていたら計量の意味がないから。沸騰するまでの時間にドリップバッグのミシン目を切るのだけれど、その前にコーヒーの粉が飛び出ないように3回振るの。ビーカーにセットしたら、沸騰したお湯は薬缶の注ぎ口から溢れることがあるから、テーブルに置いて一呼吸待つ。コーヒーを蒸らすために全体が湿るくらいお湯を注いで少し待つ」

「どれくらい？」

「郵便受けの新聞を取って戻るまでの時間。それから、ゆっくり全部のお湯を注ぐだけ。滴《しずく》が落ちなくなったら、外して、デッキのフックに吊るして干す。これは乾いたら、庭に撒くために。あなたのマグと私のマグに3対2に分けて注ぎ、牛乳を足す。電子レンジ2分10秒でおよそ65℃になるからミルクフローサーで泡立てる。これが我が家のカフェオレ」

「簡単だね」

ドリップバッグ１袋にお歳暮でいただいたコーヒーを足して濃いめに入れ、ふたつのマグに分けてミルクたっぷり足したカフェオレ。ビーカーを選んだのはこのデザインが好きだから。

出掛けに新聞紙を軽く丸めて横に洗剤を置いて、あとはよろしく。

「そう、わかれば簡単なの」

74歳になって、夫はコーヒーの入れ方を学びました。

私がデパ地下から戻ると、石油ストーブがピカピカに磨かれていました。毎年使う前に私が点検掃除をしていたのですが、こんなにピカピカにはできませんでした。夫はクロームメッキの部分をサンドペーパーで磨いたのです。

机の上に壊れた点火ヒーターが置いてあって「外しておいたから注文して」。

「42年前の部品があるの？　ないと思い込んで20年マッチで点けている」

「外せたから、品番と形状で調べたらアマゾンで998円だった」

点火ヒーターのフィラメントが消耗していました。簡単に交換できるなんて私は知らなかったのです。思い込みはいけない。すぐに注文しました。

「雨上がりにサカタのタネに球根を買いに行きたいから、これで窓拭きをお願い」と、くしゃっと丸めた新聞紙10個と手作りの洗剤を入れたスプレーヤーをテーブルに出しました。いいよ、と直ぐに玄関のガラスから始めたのですが、下に垂れるほどたくさん吹き付けたので、新聞紙が濡れてボロボロに千切れてガラスに貼り付きました。

「そんなに吹き付けたら、洗剤の無駄遣い。それに手が濡れて気持ち悪いでしょ。スプレーヤーはガラスから30㎝放したところからまっすぐに2回。丸めた新聞紙の1／4に染み込むぐらい。そうすれば、千切れないし、手も濡れない。窓ガラスは湿度の高い雨上がりに磨くと効率がいいの」

帰宅するとスプレーヤーが空になっていました。洗剤を作りながら夫に教えました。

「消毒用イソプロピルアルコール50％を40㎖入れて、ハッカオイルをスポイトで2㎖と水を180㎖入れるだけ。つまり、ハッカオイルとイソプロピルアルコールと水を1対10対100にする。トータル222㎖は窓拭き4回分の量。それ以上作ると重くなる。消毒用イソプロピルアルコール50％を使うのは計算がしやすいし、酒税が掛からないから。掃除用に使うアルコールに税金を払いたくないわ」

私達は破れ鍋に綴じ蓋夫婦。お互いを必要としています。

天然ハッカオイルをシュ、シュ、シュ

庭作業の虫除けに天然ハッカオイルをスプレーしたバンダナを首に巻きます。60代までは年間50㎖で十分でした。今年はぜんぜん足りない。虫除けではなく4歳上の夫の加齢臭です。200㎖瓶とスポイトと20㎖スプレイヤーのセットを買って、2年間はもつから、ここなら忘れないだろう冷蔵庫の奥に置きました。夫に「これはハッカオイルとスポイトだからね」としっかり見せました。70代家族には互いに確認しあうことが大事。

消臭剤でもいいのかもしれないけれど、天然ハッカの香りが好きです。寝室にシュ、枕とシーツにシュ、クッションにシュ、帽子にシュ、コートにシュ、バスマットにシュ、下着にシュ、スニーカーにシュ、洗面所にシュ、外出時のオーデコロンとしてハンカチにシュ、扇子にシュ。こんな感じに使います。

200mℓ入りのハッカオイルは２年は使えるから冷蔵庫保存。ガラス容器は冷蔵庫から取り出すときに結露で滑りやすいから取っ手付きの琺瑯（ほうろう）容器に入れました。

メニューが減って冷蔵庫に空きが増え、常温保存だったカレールーや乾物、ビタミンCの錠剤など食品以外も入れるようになりました。

我が家が作っているハッカオイルは、
ハッカオイル……3㎖
消毒用アルコール（50％のもの）……60㎖
水……270㎖

ハッカオイルの匂いが好きな方はもっと量を増やしてもいいのかもしれません。

加齢臭がものすごく気になる方はアルコール濃度を高くすると効果が上がるかもしれません。

私はいろいろ試してこの比率になりました。

天然ハッカオイルは国産品、輸入品がたくさん販売されて値段も随分幅があります。私は容器とスポイトが気に入った国産品をアマゾンのセールのときに2000円ぐらいで買いました。

手の消毒には消毒用アルコール80％を使っています。

70歳からの部屋着

２０１９年に母が他界。たくさんの衣類が残り、サイズの合う私が引き継ぎました。その中で一番のお気に入りがエプロン代わりの前開きスモック。丸首襟なし、袖ぐりがゆったりとちょうどよく、左右に大きなアウトポケット。ボタンホールにするりと抜ける滑りのよいボタンでした。アクリル65％、コットン35％でふんわり軽くて３００g。洗濯でしわにもならず、毛玉ができず、冬の部屋干しでも3時間でからりと乾くから洗い替えが要らない。

母が10年、私が2年着て、左の肘が擦り切れました。スモックは前開きがいいとお店で探したけれど、どれも袖ぐりが大き過ぎて割烹着のように袖を膨らませたデザインが多い。しかも、ほとんどが後ろ開き。

母はよくこのスモックを見つけたものだと感心して、パソコンで検索したら

「画家のスモック」というのがあり、母のスモックより着丈が長いだけでそっくりでした。素材もポリエステル65％コットン35％。

画材を販売するホルベインが画家のためにデザインしたサンドベージュ色の女性用フリーサイズです。部屋着として買ったのですが、コンビニへも出掛けるようになって、駅前の銀行までならレインコートとしても着ています。

冬はセーターと重ね着、春と秋はノースリーブのカットソーと重ね着。

あまりの着心地の良さ、洗う度にやわらかくなって、これなら数年後にはポケットを外して寝間着としても着られそうと3枚買い足しました。

夏には、10年前にオーダーメイドしたリネンのノースリーブワンピースが2枚あります。乾きやすいようにポケットはなし。生地はIKEAで買ったダブルサイズの掛け布団カバーです。

最初は外出着として、薄く軽くなってからは毎日の部屋着兼寝間着です。

1日2回の水シャワーの後に着替えるので毎日洗います。毎年100回以上の洗濯に耐えて、ほつれることなく、擦り切れもなく気持ちよく着ています。

ホルベイン［画家のスモック］。手持ちのボタンに付け替えました。乾きやすいから洗濯の脱水はゆるめにしてノーアイロン。

いつか、ソースをこぼしたら、もう1枚がまだ洗濯前でした。仕方なくコットンのワンピースに着替えたら、背中にべったり貼り付いて汗だく。リネンのようにサラッと乾いてくれない。

部屋着と寝間着、夏はやっぱりリネン100％です。

私の経済力でオーダーメイドは贅沢だけど、横浜の夏をエアコンなしで快適に過ごせるのだから、もう一度だけ同じデザインでお願いしようと生地を探しています。リネンを長持ちさせるために外干しはしません。アイロンをあてません。

コートは着なくてもいい？

早めの昼食後に家を出て、日暮れまでに帰宅するので、路線バスに乗るようになって冬のコートを着ることがなくなりました。バス停までの歩き、バスを待つ時間ぐらいの防寒は薄手のダウンベストで十分です。コートもマフラーも手袋もなしです。雨や雪の日、晴れていても最高気温の予報が12℃以下なら外出しません。

コートを着なくなると、バッグも靴選びも簡単。身支度の自由度が広がりました。秋から冬の外出用はこれしか持っていない、2000年に買った同じデザインでチャコールグレーと黒のジャンパースカートのどちらかに、12枚あるハイネックのカットソーかリブ編みのセーターを組み合わせます。色はサンドベージュ、ライトグレー、チャコールグレー、黒。ダウンベストは黒が2枚。バンダナが3枚。それだけで組み合わせを考えるから身支度は10分です。

コートなしはスーパーでもデパ地下でもスタスタ歩けます。コートは重くてジャマ。

2

これからのレシピと道具と食卓と

不味《まず》く作りようのない家庭料理

夫は辻仁成《つじひとなり》さんの大ファンで『パリの空の下で、息子とぼくの3000日』（マガジンハウス）も発売すぐに読みました。HPへの訪問も欠かさない。

ある日、パソコンに向かったまま「パプリカパウダーってある？」って訊いたから、冷蔵庫を開けて「この赤い粉がパプリカ。ドアポケットの香辛料ラックの真ん中にある。花椒《ホアジャオ》の左、ナツメグの右。一味唐辛子と色が似ているから離してあるけど、必ずラベルを確認してね。間違ったら大変よ」。

夕食に作ったのは野菜サラダと1㎝にスライスしたジャガイモを茹でて皿に並べ、上に半熟の目玉焼を2個のっけただけ。

塩とコショーとパプリカを食卓で振りかける。

塩は電子レンジで水分を飛ばして擂り鉢でサラサラに細かくし、粒コショーはいただきものの高級品をペッパーミルで挽く。不味かろうはずない。

「きれい！　目玉焼きの縁がカリッと焼けているのが美味しそう」

「スペインで一番簡単な家庭料理だって」

「ドイツでも作る。きっとフランスでも、アメリカでも、日本でもみんな作っているわよ」

「でも、うちでは新メニュー」

「確かに。ニンニクもオリーブオイルも使わず、パセリのみじん切りを散らさないのもいいね。パプリカの赤が利いている。美味しい〜」

「二人とも忙しい日の夕食にピッタリだよ」

と我が家の定番メニューに仲間入り。

60代だったらグリーンアスパラやスナップエンドウにエリンギとチーズやカリカリに焼いたベーコンも添えたに違いない。食卓で味付けをするなんて、考えたこともなかった。これは大発見です。

それからは、なにもつけないトースト。バターなしのマッシュポテト、チーズなしハンバーグ。レシピがどんどん変わっていきます。食卓にソルトシェーカーとペッパーミルを置くようになりました。冷蔵庫の中も随分変わりました。
しばらくして、辻仁成さんのHPを見ました。スペインを旅行したときにレストランで食べた料理の再現と紹介されていましたが、材料も調理も似て非なるもの。夫のアレンジでした。

我が家のレシピです。
《材料　一人分》
ジャガイモ……1〜2個
新鮮な卵……2個
油……5㎖
さらさらの食塩
粒黒コショー
パプリカパウダー

パセリなど緑を入れたくなるのだけれど、シンプルに塩、コショー、パプリカパウダーだけが美味しい。

《作り方》
皮を剝いて1㎝の輪切りにしたジャガイモを茹でる。
フライパンに油を塗って卵を割り入れる。
茹でたジャガイモを皿に平らに敷き詰める。
半熟の目玉焼きを重ねる。
サラサラの塩、挽きたてのコショー、パプリカパウダーは好みの量をふる。

冷蔵庫の中がどんどん地味になっていく

辻仁成さんの作るジャガイモ料理を知ってから、我が家のレシピが激変。夫の作る料理が格段に美味しくなりました。食卓にはソルトシェーカーとペッパーミルと醬油差しを置き、調理ではステーキ、ローストビーフ、チキンソテー、ポークソテーにはまったく塩を加えず、コショーをほんの少しだけ。カレー、ハッシュドビーフには塩、コショーを少しだけ。タンドリーチキンと焼うどんには、塩、コショーなし。ポトフ、ボルシチ、ラタトゥイユ、おでんは塩だけをほんの少し。パスタを茹でるお湯に塩は入れません。ラザニアのミートソースとベシャメルソースにもほとんど塩は入れません。肉じゃがなど和食の煮物では醬油が半分以下になりました。得意のいなり寿司は甘さが気になって作らなくなり、海苔巻きは酢飯の塩を控えてよく作ります。毎日の浅漬けは塩を入れずに漬けられないのでほんのひと振り。納豆は削り節だけ。

夫には難しくて私が作るカスレも塩とコショーは食卓で振ります。クロックムッシュのチーズは半分以下。クリームサンドのホイップ生クリームには砂糖を加えません。クリームチーズとマーマレードを塗っていた朝食の食パンは、なにも塗らないそのままのほうが美味しいと発見し、日曜日の昼食はメープルシロップとホイップ生クリームのパンケーキが定番だったのに、豚肉とキャベツと山芋と少しの薄力粉で作るお好み焼になりました。年をとるとはこういうことなのか、と驚きました。チョコレートもビターのみ。しかも1年にふたりで一箱です。それ以上は胃が受け付けない。

当然ながら冷蔵庫の中身が一変しました。チーズはピザ用だけ。バターは以前から1ポンド無塩だけど冷凍室のストックが3箱から1箱に。パンケーキミックス粉とマーマレードとメープルシロップが消えました。ヒジキ、三陸産塩蔵ワカメ、焼き海苔は常備。新豆の季節に買うひたし豆、小豆、ささげ、白インゲンは300g袋から500g袋に増え、新蕎麦の蕎麦粉は200g袋から500g袋。納豆は常備。それでも庫内に十分な余裕があります。常温だっ

ハチ食品の香辛料は、文字が大きく取り出しやすい。パプリカはなかったので空き瓶に入れてラベルをつけました。

たバルサミコ、ワインビネガー、料理用ワインは使用量が減ったので味が変わらないようにドアポケットに収納。

糖度の低い果物を好むようになりました。キンカン、リンゴ、カキ、キーウィ、オレンジ、グレープフルーツ、バナナと、一度に3粒で十分なシャインマスカットぐらいです。アイスクリームとジェラートは作りません。冷蔵庫を開けるワクワク感がまったくなし。地味だなぁとため息。

レパートリーが少なくなったけれど料理はずっと大好き。美味しく作って楽しく食べたいです。

もし、60代であったなら、たったひとつのスペイン料理が我が家の料理にこれほどまでに大きな影響を与えることはなかったかもしれません。塩分や糖分が気になっていたよきタイミングでした。

これで体重10kg落とせたら願ったり叶ったりだけど……残念ながら変化なし。

香辛料とドライハーブはドアポケットに一列に並べるために容器を揃えました。間違えないようにガラムマサラとシナモン、一味唐辛子と七味唐辛子、パセリとバジルは離してあるのだけれど、最近ラベルの文字がぼやけてさっと取り出せない。そのうち間違えて使いそうな予感がして、色がまちまちで文字の大きなラベルの容器に買い替えました。ブランドに拘らず、容量が少なく持ちやすさ優先。中身がよく見えるガラス容器。70代になって作ることが増えた赤飯のための胡麻塩だけは大きめの軽いプラスチック容器を探しました。

それにしても全国にはたくさんのメーカーがあるのですね。粉山椒《こさんしょう》だけでも10社以上ありました。選んだのはハチ食品。色と大きな文字の相乗効果でどこへ置いてもさっと取り出せます。でも、粉山椒、青海苔、五香粉《ウーシャンフェン》、パプリカパウダーがなかったから使い切った容器に自分で書きました。香りが逃げやすい粉山椒は冷凍庫に入れます。

食卓には小さく花を飾って

料理のレパートリーが少なくなったから、食卓を華やかにしたい。庭に咲く花を飾ります。若いころは野の花が好きでした。今は育てた花が愛おしい。

食卓に飾るのは水栽培のできないアネモネ、クリスマスローズ、ネモフィラ、イチハツ、スミレ、アリウムコワニー、シラン、シャクヤク、ユリ、アジサイ、アナベル、アガパンサス、ゼラニウム、ベゴニア、クレマチス、ブータンルリマツリ、エリゲロンの花とヒューケラ、アイビーの葉。晩秋に小さく5㎝に咲く白いアサガオもかわいい。

花入れに使うのは食卓に似合う使わなくなったシュガーポット、グラッパグラス、マスタードの陶器、メープルシロップの空き瓶など。

台所にある朝食用の食卓では水栽培を楽しみます。1年中育つのはアボカド。冬から春は庭よりひと月早く咲いてくれるスイセン、チューリップ、ムスカリ。

ダイニングチェアからゆったり座れるクッションをあてたベンチに変えました。庭で摘んだ花を飾ります。これから咲く蕾のクリスマスローズ、アネモネ、ジシバリにアイビーを加えて。

豆苗とブロッコリースプラウトは、スーパーで買った苗をしばらく楽しんでから食べます。大きめの円筒形の容器に入れると、根もよく伸びてま〜るく育ちます。

秋はネリネ。切り花より長く楽しめ、花が終わって庭へ戻せば来年も咲きます。

ときどき豆苗やブロッコリースプラウトを並べてにぎやかにします。水栽培に使う容器は、台所に似合う冷蔵庫の野菜室でキュウリやネギを立てるために使っているビーカー、海外旅行の思い出あるジャムの空き瓶とアンティークの保存容器など。陶器のマスタードポットはペン立てや花入れ、水栽培にも使えるので大好きです。

台所道具の見直し

レシピが変わったので台所道具の見直しをしました。すべてをテーブルに並べ今の暮らしに必要か否かをじっくり図り、必要と判断したものだけをきれいに磨いて棚と引き出しに戻しました。テーブルに残ったのはチーズおろし器と茹で玉子カッターのふたつだけ。使ってくださる方に引き継ぎます。

買って1年もしないうちに貼り合わせの継ぎ目が開いてしまった炊飯土鍋の木蓋。隙間から入った水がなかなか乾かないのが小さなストレスです。無垢《むく》1枚板を使いたいと国産で探したけれど需要がないのでしょう、見つかりませんでした。気長に探します。

焦げ跡が気になっていた亜麻草の鍋敷きは買い替えるまでもないから麻用の染料で染めました。我が家の台所によく似合います。

掃除用にブラシをいくつか買いました。買い替えはミルクフローサー用です。

20年以上使ってきた試験管ブラシがボロボロになり、家庭用に拘らず探して先の細い形状を見つけました。これがとっても使いやすく美しい。しかも220円。麦茶ポット、計量カップ、ビーカー、サラダスピナーには理化学ブラシです。数年前にはなかった持ち手がステンレス製のJ型ナイロンブラシを見つけたので毛足の長い白と短い黒を買いました。白で水切りカゴのカルキを落とせました。ステンレス製の鍋とボウルの返しの汚れは黒です。電子レンジとオーブントースターの隅もきれいになりました。この2本はほかにも使えそうです。

20年以上前、当時日本では見つけることが出来ず、パリで買ってきた柄付きキッチンブラシの交換用ナイロンヘッド。外に干さなくてもカビないのでステンレスがありません。デザイン違いで洗剤を使用するまな板用、水だけで洗う炊飯土鍋の木蓋、落とし蓋、巻きす、蕎麦ザル用にと使い分けてきました。ナイロン製キッチンブラシは漂白剤で真っ白になるので毎日気持ちよく使えます。まな板用がへたってきたのでそろそろ買い替えと探してみたけれど、ちょうどいいサイズがない。どこにもないのなら、自分でなんとかします。ナイロンヘッ

これを見つけてからミルクフローサーのヘッド掃除がラクになって、小さなストレスから解放されました。

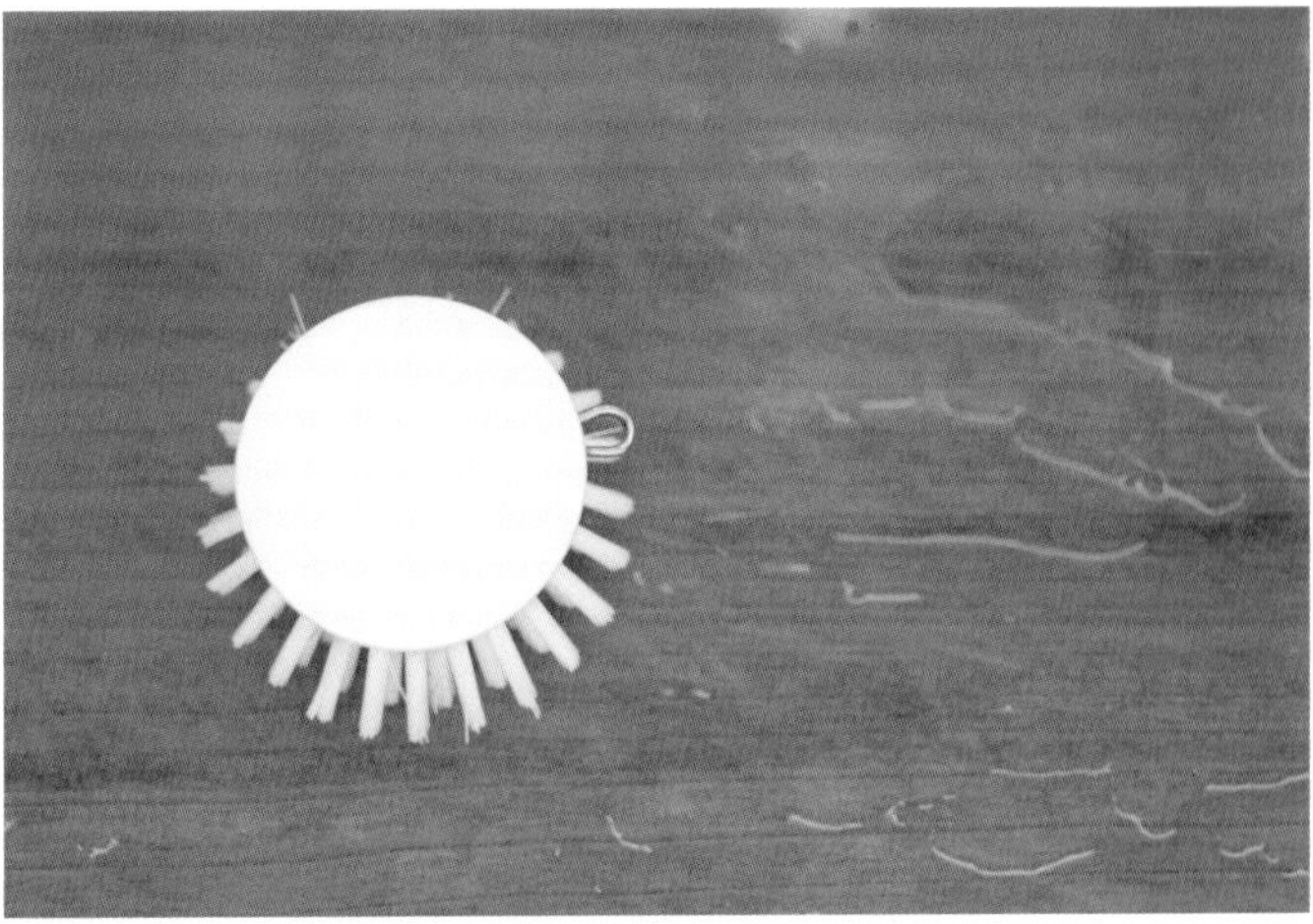

まな板用ブラシ。洗剤をつけて洗うまな板はザルとは分けます。
今使っているのは手作りです。

ドだけを買ってフックをつけ、仕舞い込むと忘れるからと見えるところに吊るしたら、あら、かわいらしい。

これからの楽しみのひとつとして、これまで以上にこまめに台所道具を見直し、家事をラクにしていきたいです。素材は環境負荷と耐久性に注視、軽さとデザインにも拘りたい。プラスチック製を悪いものと短絡にきめつけたくはありません。

変わっていく社会の価値観には敏感でありたいです。

1年で一番幸せな日は誕生日

庭は私が好きなように造ってきて、2mまでの枝の剪定《せんてい》なら鋸《のこぎり》で切るけれど伐採《ばっさい》は体力的に無理だから、毎年誕生日に夫に頼みます。一昨年はツバキとクチナシが咲けなくなって横の4mのツゲと6mのトウヒを切りました。去年は株立ち5mのキンモクセイを6本切り倒して1本の帚立ちにし、4mになった月桂樹は根元10㎝で切り、株立ちにしました。今年は雑木林の中に2mに育ったヤマザクラを見つけて、周りの雑木8本を切りました。これでヤマザクラがのびのび育ち、来年には夫の誕生日のころに花を咲かせてくれます。植栽は家族の誕生日のころに咲く花が中心です。

私から私へのプレゼントは耐熱煉瓦《れんが》を100個、コンクリートブロックを100個、植木鉢15個などで、去年はフラワースタンド7脚を買いました。毎年誕生日に庭が一変してうれしい。1年で一番幸せな日は誕生日です。

これまで使ってきたサイズでは大きいからと買い替えたオーブンウェアは、フライングソーサーの１人用［ベイクウェア］を２個。カトラリーはジョージ・ジェンセンのステンレス製。

家族の誕生日には新しい献立にしたいから早めにバースデーカードを貼っておきます。

２０２２年は区切りの70歳だったから、ずっと探していた真っ白に咲くカシワバアジサイの苗木２本と横浜の気候でも育つ高山植物のシャクナゲを１本、冷凍保存して開花をずらせるスカシユリの球根を誕生日のころに咲くようにたくさん注文しました。

ほかにもなにか買おうか、と展示会へ行って、ラザニアにぴったりのオーブンウェアを見つけました。オーブントースターに２個並べられます。これなら取り分けずに済むから洗いものが減るわ。

夫の反抗期

「夫が最近反抗期なのよ」と73歳の知人からメール。夫は77歳です。なにか悪さをした夫が謝らないらしい。それがなにかは訊かない。犬も喰わない夫婦喧嘩に干渉は無用。ふむふむと傍観するのみです。

「だから、快便のためにいつもしてあげる足裏のツボ押しをやってあげないの」

それは、きびしいなとは思ったものの、だれかにメールで発散すれば、それで気が済むのだろう。

「なにかごちそうを作って、二人で美味しく食べれば、ごめんなさいと謝るわよ。カンピョウと干し椎茸《しいたけ》を煮て、鱈田麩《たらでんぶ》を作って、ちらし寿司とか」と返信。

メールの遣り取りはそれで終わったから、ちらし寿司かどうかはわからないけれど、なにかごちそうを作っただろうと思いました。

翌日、我が家は朝から小豆を煮て、お昼の後におはぎを作る予定だったから

「よかったら食べにきませんか」とお誘いのメールを出しました。するとと「おはぎ食べた〜い。出前して」と返信。節分に恵方巻を作るから、と誘ったときも「出前して〜」。

お互い60代までは誘いを断ることがなかったけれど、70代では出掛けるのが億劫《おっくう》になってくるのですね。私は食べに来てくれるのなら大歓迎だけど、持っていくのは面倒。彼女は持ってきてくれるのならうれしいけれど、横浜へ行くのは面倒。返信は「それじゃあ、またの機会に」。

美味しいものを作っても誘うことがなくなって、いつか「顔を忘れそうだから、遊びに来て〜」とメールが入ったときも、会いたいのなら、私が行くのではなく、あなたが来れば、と思ってしまいました。そのときも返信は「またの機会に」です。

近況報告も誕生日のお祝いメールも年始の挨拶メールも自然消滅。年を取って希薄になる付き合いもあるのです。それが寂しいとはまったく思わない。会いたい人にはいつか会える気がします。駅のホームとか信号待ちで明日かもしれないそのときには、うれしくて大声で互いの名前を叫ぶはず。「元気そうね」「あなたも」と親しかったころと同じ笑顔で。

3

ひとり、ふたり、
そしてだれかとの時間

それぞれに好きなものを飲み、好きなものを食べる

50年以上も食後に欠かさず飲んでいたコーヒーがある日突然飲めなくなったとNさん(73歳)からメール。なにかあったの？　体調が悪い？　と心配になったけれど、あれこれ詮索してはいけないと返信せず。

翌日、同い年の幼友達から近況報告のメールが入ったので、「突然、コーヒーが飲めなくなったことある？」と訊いてみた。

「私は60歳になったころから飲めなくなったわ。最初はコーヒーが不味いのかと思ったけれど、そうじゃないの。夫はいつもと変わらなく美味しいよって飲むのだから。だから私はハッシュドビーフ、ローストビーフ、ステーキ、ハンバーグの後は飲みたくなるけれど、それ以外は飲まなくなった。昔は朝のトーストにはもちろん、夜は餃子の後だって最後は果物とコーヒーだったのにね。冬は白湯《さゆ》で夏は冷たい麦茶。ときどき無性に飲みたくなる抹茶は目が冴えて眠

れなくなる心配のない2時まで。おかげで早寝早起き快眠の毎日。計算したら月に4000円浮くのよ。毎月巾着に入れて雑誌代にしている。この年になると雑誌の読み方が若いころとは違うでしょ。台所道具なんて、文句をつけるだけよ。そんな重いもの50歳過ぎたら持てないよ、手入れが大変ですぐにゴミ箱行きよ、などとね。だから我が家の家計費から雑誌代は出ない。親からも社会からも節約は美徳と刷り込まれて育った世代、無駄遣いができないでしょ。でも、なにかしら、なるほどと思う記事を見つけるから、浮いたお金なら買える。コーヒーを飲まないのは節約じゃないのだから。でもね、白湯が美味しいなんて人様にはお薦めしないの。私の贅沢な時間の過ごし方を知っているあなただから話せる。人様はその場では口に出さないけれど、他所《よそ》で『白湯を飲むなんて、貧乏臭いわね』と吹聴するからね。世間はだれかを貶《おとし》めることが何より好きなの。美味しい白湯の作り方など知らないしね」

そうか、コーヒーが飲めないなど、心配しなくていいのかとホッとしました。Nさんのことだから、天然水でこだわりの白湯を極めているに違いない。

持ち手にメーカー名［OPA］国名［FINLAND］素材［STAINLESS 18-10］
満水容量［1.5L］が美しく刻印されている薬缶。

考えてみれば食後のコーヒーは習慣。

手間が掛かるけれど白湯のほうが美味しいかもしれない、と思い始めました。

白湯の作り方は20代のころに親しくなった、市ヶ谷でお茶屋を経営していた市川さんに教わりました。

「家庭では薬缶はステンレス製を選び、最初に金気を抜くために出がらしの焙じ茶をたくさん入れてグツグツ煮出す。数回繰り返し、中に茶渋が染み付いて蓋を取ったときに金気がしなくなったら完了。薬缶はお湯を沸かすだけに使い、麦茶は鍋で煮出す。薬缶の外側が汚れるのはコンロの油汚れが油煙になって貼り付くからです。気持ちよく使い続けるために薬缶の縁から炎がはみ出ない弱火で沸かす。薬缶をコンロの側に置かない。それでも汚れるからこまめにクレンザーで磨く。

美味しい白湯を飲みたいのであれば、ひと手間を惜しまない。薬缶で沸騰させた白湯をガラスのピッチャーに移し、かき混ぜてカルキを抜く。飲むときには必要な分だけ茶碗で量って沸かす。

白湯椀にはぽってりした温かみのある無地の陶器がいいわね。茶托《ちゃたく》はいらない。沸騰させた白湯をゆっくり注いで両手に持ってフーと吹きながら飲みごろを待つの」

私は鉄瓶の話をしました。

「鉄瓶は持ったときに軽いと感じたものを買いなさいと、伯母に教えられました。そうですか？」

「そのとおり。上等なものほど軽いですよ。鉄瓶は同じに見えてもひとつひとつ重さが違います。薄くて軽いものなら年を取っても持てますからね」

我が家は昔から朝食には1年中ホットミルク。昼食にはデザートの30分後に、夫になにがいいと訊いてカフェオレかミルクティーか麦茶。夕食後は夫も白湯になりました。手間を掛けてカルキをしっかり抜いた白湯は美味しい。

Nさんと幼友達は自分は白湯だけれど夫はコーヒーとのこと。

それぞれ好きなものを飲み、好きなものを食べて暮らしています。

計算したら、確かに月に4000円浮きます。ざっと年間50000円は大きい。43年目のガスコンロ、40年目の換気扇、37年目の石油ストーブ、35年目のアイロン、31年目のオーブントースター、23年目の電子レンジ、20年目のブレンダー、18年目の冷蔵庫、18年目の電気ストーブ。壊れる前に買い替えを探そうか。土鍋の欠けが気になるし、吸水性が落ちてきたバスタオルをふわふわのオーガニックコットンにしたい。そんなことを考えていたら、物価高騰で、ほとんどが食費に吸収されてしまいました。やれやれです。でも、ガスコンロも家電も土鍋もバスタオルもまだまだ使えるのだから、大切にしようと思い直しました。ガスコンロと換気扇をピカピカに磨きました。唸りと回転ムラが気になっていた電子レンジもターンテーブルを拭いたら直りました。

これからはひとりの時間をもっと自由に

雑誌のインタビューで「一番大切にしていることはなんですか」と訊かれたとき「夜ベッドに入ってから、明日はどんな楽しいことをしようかと考えながら眠ることです」と答えました。子どものころからずっとそうです。

だから、忙しくて掃除機をかけられない日でも、ベッドメーキングだけはキチンとします。ベッドは夫が造りました。マットレスはオーダーメイドです。シーツと枕のブラッシングの後、上掛けシーツ、その上に掛け布団とスローケットを重ね、スローケットをブラッシング。30分後、綿埃が床に落ちたころを見計らって寝室を帚でさっと掃きます。

70歳を過ぎてからベッドに入るのはだいたい8時で、遅くても9時です。明日を楽しく過ごすために考えることはちっぽけなことです。

バターを薄く切り分けるスパチュラが使いにくい、どう加工すればいい？

500㎖の計量カップと500㎖のビーカーにそれぞれ違う蓋をつけたい。ポーラーベア（北極熊）のカギのざらざらをサンドペーパーですべすべに磨いてペンダントのように麻紐で首から掛けたらかわいいな。庭で増え過ぎたペチコートスイセンの球根をどうしよう。保温調理のボウルを包む布は赤いギンガムチェックのハンカチかオレンジ色のバンダナか。炊飯土鍋の蓋を割ってしまった時は滅入りそうになったけれど、この機会に羽釜の木蓋を使ってみようかなと閃《ひらめ》きました。たくさん作ってきたフックとキャンドルウォーマーもベッドの中で考えました。植栽計画のイラストも20年続けて、そこそこ上手く描けるようになりました。

だから、その日にあった嫌なことを寝る前に思い出しません。嫌なことを忘れようとするのではなく、明日の楽しいことだけを考えるのです。すると、嫌なことがどんどん小さく薄まっていきます。

悲しいことがあった翌日はキャンドルを作ることが多いです。パラフィンを溶かし、ガラス容器に流し入れ、ゆっくり冷まします。パラフィンは固まると体積が小さくなるから芯のまわりがへこみます。そこへ溶かしたパラフィンを足して表面を平らにします。出来上がったキャンドルに火を灯して夕暮れを静かに過ごします。

キャンドルを息で吹き消すのはバースデーケーキだけで、ほかは手か、専用の火消しを使うと本で読んだとき、そのとおりだと思ってネットショップを探したけれど、気に入るのが見つからない。そういう時も夜ベッドの中であれこれ考えます。帽子のようなタイプより芯を摘んで消すほうが簡単ではと、火消しという名称に拘らずに考えてみます。ピンセットやトングでも消せるはずです。翌日、工具箱にあったピンセットで芯を摘んだら、折れてしまいました。台所のシュガートングで大成功。息で消すと芯が折れ曲がることが多かったけれど、シュガートングでは芯をまっすぐに残せました。しかもシュガートングは使わなくなった道具だったから、捨てずに再利用ができてよかった、と、うれしくなりました。

このガスコンロ用トースターはフランスで買ってきました。イタリアでも見つけました。今はポルトガル製などが日本にも輸入されています。１枚焼くなら電気よりずっとエコ。

辛いことがあった日は乗り越えるために無心に鍋とフライパンを磨こうと思います。ぴかぴかになった台所道具を眺めると心が晴れます。
こんなふうに、悲しさや辛さ、たくさんの失敗からも暮らしはつくられてきました。

毎朝、夫より早く起きます。冷凍庫から出した食パンをガス火用のトースターで焼き、庭を眺めながらのひとり朝食の後、今日することの段取りを決めます。70代になってなにをするにも以前より時間が掛かるようになりました。2時間でできたことが半日かかかり、思っていたようにはできなくて、何日もやり直すことがあるけれど、それだけ自由なひとり時間を長く楽しめるということだと考えて自分を急かせません。

コーヒーを止めて浮いたお金で買いたいものは……

我が家同様に70代になった友人達は、夜眠れなくなるからと次々に午後のコーヒー、紅茶はもちろん緑茶も止め白湯になりました。

浮いたお金で前から欲しかったポーラーベアの貯金箱を買いました。昔、フィンランドの銀行がノベルティとして子ども達に贈った貯金箱の型が発見され、フィンランドで商品化されて日本にも輸入されています。カギがついておらず、銀行へ持っていかなければ開けることができない。そのまま銀行に預けることもできる。大人への成長過程でお金を貯めて使うということを学び、銀行が身近になるというエピソードを知ってから、どんな貯金箱なのだろう、いつか手に入れたいと思いつつ、そのままになっていたのを思い出したのです。

送料無料2640円（2022年10月18日）でアマゾンから購入できました。

ずっと前から欲しかったポーラーベアの貯金箱。
『HOME AND BEAUTY』はサマセット・モームの戯曲で、邦題は『夫が多過ぎて』。
ポストカードはヴァージニア・ウルフの「A ROOM OF ONE'S OWN」邦題は『私だけの部屋』。右端はペンギンブックスのポストカードボックスです。

保温調理用の布はさっと取り出せるように引き出しに準備。他の布は小物を作るための端切れです。どこかへ仕舞うとあることさえ忘れそうだから、いつも目に入るところに。

エコというより、簡単だから保温調理。煮込み料理に最適です。そのままで外出できるのが安心。

ノベルティらしいシンプルな佇まいで商品だからカギ付きです。そのカギと開閉の仕組みが丁寧で、細部まで手抜きなし。こんなにかわいい貯金箱を子ども達に無料で配った銀行のセンス、それを日本に輸入した人がいたことに感動しました。冬になったらプラスチックのツルツルがちょっと寒そう。赤いアクリル軍手を材料に帽子とマフラーを手作りしました。

月初めに500円玉を8枚入れて、物価高騰で食費の足りない分をここから出します。残った分で買えるのは台所道具かな。

折しも、光熱費の高騰です。これからの暮らしをラクにしてくれる、光熱費を節約できる道具を探してみようと思いました。集めた情報は同世代の友人達にも役立つだろう。

世界のどこかでだれかが作った素敵な道具に出合える。そう思うだけでわくわくします。時間を見つけてネットショップ「フライングソーサー」「ザッカワークス」「ユーロキッチンかさい」「アマゾンアメリカ」「アマゾンドイツ」「ヨドバシ.com」を回ります。小家族向けの道具がたくさんありました。ネットショップ巡りの楽しさは買い物だけではありません。これよりいいものを自分で作れるという発見があるからです。それはいつか商品開発の仕事に繋がる。

真空保温調理器の進化が目覚ましかった。鍋がアルミニウム合金とステンレスの多層鋼でガスにもＩＨ２００Ｖにも対応。3層フッ素コーティグ加工でデザインもスッキリ。40代に出合いたかった。残念ながら老人2人家族には大き過ぎました。でも、保温調理のエコはいいなぁと何日も眺めていて、そうか、自分で作れると思い立ち台所を見渡しました。

熱伝導率と保温性に優れたステンレスとスチール製多層鋼14㎝鍋に厚手の耐熱ガラス蓋。保温のための16㎝ストーンウェアは底に高さ調整と保温材を兼ねてカボチャの種を入れ電子レンジ６００Ｗで1分加熱して使います。

46㎝コットン大判ハンカチの中央に断熱性を高めるためにタオルハンカチを敷き、その上にストーンウェアを置いて、鍋を入れ、蓋の上にタオルハンカチを乗せて包み、輪ゴムで止めて食卓の上に置く。夕飯の献立なら昼食が終わった後に作り始めます。

保温調理の保温材はカボチャの種。賞味期限切れの麦茶、古い大豆でも試したけれど、麦茶は鍋底にくっつきやすく大豆は転がります。カボチャの種が一番きれいで扱いもラクでした。

保温調理に使う容器とカボチャの種は近くに置きます。メジャーカップには蓋をつけて。

ハンカチを使うのは輪ゴムと鍋のハンドルカバーといっしょに引き出しに入れ、さっと取り出せるからです。輪ゴムを使うのは固く結ぶと70歳の力では解けないからゆるく結んで留めるために。センスのある人はキルトで素敵なポットカバーを縫うのでしょうね。私は裁縫が苦手です。

鶏ガラスープ、ふろふき大根、煮豆、牛スジ煮込み、豚三枚肉の角煮、豚肩ロースブロック肉の紅茶煮、ロールキャベツ、鶏胸肉は塊のまま煮ます。ほかの調理法より簡単で経済的で美味しい。

マリアージュフレールのルイボスティーをいただいたとき、とても香りがよかったので紅茶煮のように使ってみました。ルイボスティーには肉をやわらかくするタンニンが含まれていないから香りと色づけです。保温調理は時間がかかるけれど、長い時間沸騰させないから肉が縮みません。冷めたら沸騰させてまた保温。4回繰り返して美味しくなりました。

これからのおもてなしは ロイヤルルイボスティーで

70歳の誕生日プレゼントにマリアージュフレールのルイボスティー、マルコポーロ ルージュをいただきました。メッセージカードに「ルイボスティーはカフェインレスです。ミルクを加えたロイヤルルイボスティーも美味しいです」と書いてあって、いままでストレートで飲むお茶と思い込んでいたから、早速試しました。

耐熱ガラスのティーポットで沸騰させたお湯に、ティーバッグを入れ、弱火で1分煮出してからキャンドルウォーマーに移します。冷めない温度90℃ぐらいに保つためにティーライトキャンドルは3個。部屋中にいい香り。

20分以上ゆっくり待って、マグに牛乳半分ほどを入れ、電子レンジで50℃ぐらいに温め、ルイボスティーを加えました。飲みごろ温度になって、とっても美味しい。カフェインを気にしている来客にもよろこばれそうです。

夕食の後、ポットに残っていたルイボスティーをストレートで飲みました。香りも残っていて、渋みもまったくなく、美味しかった。

翌日は結婚祝いにいただいた、とっておきのロイヤルコペンハーゲンのカップに替えてみたら更に美味しく感じました。特別な日に使ってきたこのカップ。コーヒーや紅茶ではちょっと違うなと思っていたから、これからは普段のロイヤルルイボスティーに使います。もちろん、おもてなしにも。

マルコポーロ ルージュの香りは出がらしになってもしばらく残るので芳香剤として使えました。籠の中に紙箱を入れ、干してカサカサに乾いたルイボスティーのティーバッグを解いて散らし、アナベルとツルシノブのドライフラワーをあしらいました。ほのかなお茶の香りは玄関にも台所にも似合います。香りが無くなったら落ち葉と紅茶と麦茶（フライパンで焦がして）で作っている腐葉土の中に混ぜます。

紅茶にグレードがあるのだからルイボスティーにもあるのだろうかと調べました。レッドマークは発酵茶葉、グリーンマークは非発酵茶葉で、葉と茎の割

マリアージュフレールのマルコポーロ ルージュ。キャンドルウォーマーにかけてゆっくり待っていただきます。部屋中いい香り！

庭で咲いたアナベルとツルシノブをドライにして食卓に。籠の中に箱を入れて、マルコポーロ ルージュの出がらしを入れるといい香り。

り合いでランクづけされているそうです。

何かの機会に新しい知識を得られるのはいくつになってもうれしいですね。

良きことは重なるように、悪しきことは続かないように

年に数日、良きことが重なるという日があります。

天気予報では明日は1日中雨、しかも最高気温が10℃も下がる。今日の予定を取りやめて午後から図書館へ行きました。調べごとを終えて、予約していた本を受け取り、帰り際にリユース文庫の棚を眺めると、真っ白な背表紙『LA CULOTTE』の文字が目に飛び込んできました。スーと抜き取って開いたら、なんてきれいな本、と思い掛けない出合いに目がぱちくり。フランス語と日本語で書かれた本でイラストがかわいい、レイアウトと色使いのセンスの良さに唸る。どうしてこんなに美しい本がだれにも渡らず私の手の中にあるのだろう、と感謝しつついただきました。先週置いた私の本が全部なくなっていました。

バスを待ってすぐに帰ってもいいのだけれど、こんな良き日には花を買いたいと駅ビルまで歩いて、1階の野菜売場を通り抜けようとしたら、カゴいっぱ

いのクレソン。葉のつややかさと太い茎には気根が出ていないから入荷したばかりとわかる。しかも10本1束が199円。3束をカゴに入れて、レジへ行くと無料の大きなポリ袋を渡してくれました。葉が折れないようにそっと包んで帰宅。

水切りをして深鍋に挿すと、水が揚ってみるみる元気を取り戻した。花入れや水栽培に使っているガラス瓶に移し、南の窓辺にある台所のテーブルに飾りました。いい香り。きれい。「明日は寒いから温野菜とローストビーフを作ろう。冷凍庫に牛肉のブロックがあるし、サワークリームもある」と夫。

クレソンの水栽培は毎日2回水切りと水替えをします。葉が水に触れないように最初は下の葉をちぎって食べます。それからは料理によって使い分け。パスタに加えるなら下の茎を、サラダや肉料理には上の葉をちぎります。3日後には根が生えてきました。台所はクレソンには暖か過ぎる。夜は外へ出し、朝日にあて9時になったら台所へ戻します。雨や曇りの日には半日出したまま。

1週間で食べ切るようにクレソン三昧の献立をあれこれ考える。クレソンは

『LA CULOTTE』は読み終えた後、他の本と重ねて押し花器に再利用しました。

1年中出回るけれど、水栽培をするのは11月になって庭のネリネが散るころから梅が咲くまでです。

悪しきことが続かないように、雨の日、夜は外出しません。椅子の脚に足指をぶつけたら、痛みが引くまでは庭へも出ず、掃除機も持たず、洗濯もせずに、料理は作り置き。用心して完治を待ちます。

外出先で手袋を落としたら、来た道を戻ってそのまま帰宅します。悪しきことが続かないようにと神様が教えてくださっている。

気に入るものに出合えないから自分で作る

我が家はティーライトキャンドルのウォーマーを使っているのでマッチが必需品です。キャンドルは必ずマッチで点けます。

気に入るデザインのマッチに出合えないから、頭薬が黒のマッチを西友で買って、ラベルを貼り替えます。最初は面倒と思っていたけれど、同じサイズに紙を切って貼るだけなので、コツを掴めば簡単。線を引かずに文字に添ってハサミを入れやすい横書きの紙を使うとラクです。キャンドルウォーマーはガスコンロのゴトクと汁受け皿で作りました。

お針箱もいくつか作ってきました。ほつれやボタン付けのための手縫い針箱のほか、ボタン用、ミシン糸用、ゴム紐など小物用と4箱です。ときどき、出版社から商品として販売できないだろうか、と相談されます。そのたびに、パソコンで世界中から糸、針、スレダー、メジャー、糸切りハサミ、指抜き、リッ

昔、海外旅行先で買った裁縫道具は今、ほとんど日本で購入できます。

パー、針山、まち針、ゴムとおしなど、必要なものを探して、でも揃えることができません。一番難しいのが糸切りハサミです。性能だけなら、日本製がいいのだけれど、手の大きさで持ちやすさが決まるので選べないのです。指抜きもサイズがあります。糸は色を決めることができません。メジャーは、正確さがわかりにくい。デザインのよいスレダーがない。どこへ置くのかでも箱のサイズやデザインが違う。本棚の前に置きたいのなら葉書が入るサイズでしょうか。そんなことで毎回見送りにな

マグネットはジーンズのボタンで作りました。手作りの材料はいつも身近なところにあります。

ステンレスフックは必要な分を手作りしてきました。ニッパーがあれば、案外簡単です。

ります。

今年（2023年）わかったのは日本のネットショップでほとんどが揃うことでした。私がベルギーで買ってきた表がセンチ、裏がインチのテープメジャーもありました。やっと見つけたミシン屋さんのリッパーも、キルト用シルバーの指ぬきも、素敵な糸切りバサミも、私は手作りしたマグネットの針山も、お針箱にぴったりのクッキー缶、木箱もたくさんありました。やっぱり、お針箱は自分でひとつひとつ道具を選んで作るものだと思います。

小さなフックとクリップも手作りしてきました。材料はIKEAの［RIKTIG］カーテンフッククリップ付き。ステンレスです。バラバラに分解してニッパーで形を作ります。たったそれだけのことですが、フックを作れると吊るすことが簡単になります。納戸の中の掃除道具も、工作台の小物も吊るします。洗濯物干しのワイヤーにもつけて干し野菜を作る籠を吊るし、コーヒー、紅茶、ルイボスティーも庭土や腐葉土にする前に吊るして干します。

4

70代、ささやかな幸せを大切に暮らしたい

45年ぶりに友と再会

年賀状で近況を伝え合ってきた名古屋在住の幼友達から会いたいと手紙が届きました。

お元気ですか
規制のない最長10連休が終わり、コロナ患者数に大きな変化が無い今、海外観光客の入国が本格化する前に智ちゃんに会いに上京したいと思っています。今まで「いつでも会える」と思っていましたが、チャンスのあるときに行動すべきなのかと。人流も変わり新たな変化が起きる前に会いたい。主人は長い時間歩く体力がないので一人です。宿泊は東京ステーションホテルを予約します。私は電話が大の苦手で手紙にしました。できれば返事も手紙でお願いします。急な思いつきですみません。返事待っています。

子どものころからいくつも作ってきた押し花器。どんどん簡単になってきて今は
ダンボールと不織布で。本と空き缶で重さを調節。庭の草花をポストカードに。

最後に会ったのは彼女の結婚披露宴。45年もの月日が過ぎ去っていた……。
私も会いたいと返事を出した1週間後。

前略
東京ステーションホテルの予約が取れました。
東京駅10時06分着の新幹線のぞみで行きます。
会えるのを楽しみにしています。

と手紙が届き、待ち合わせはホテルのロビーで、なにかあったらフロントに伝言を預けますと返事を出しました。

幼いころ、彼女の家と私の家は近所で、駅まで徒歩5分の商業地域で育ちました。デパートまで4分。映画館街まで8分。図書館へは10分。どこへ行くにも歩きで自転車にも乗らなかった。デパートの美術品売場で目を肥やし、映画鑑賞三昧でインテリアとファッションを学びました。

散策はいつも街中だったから、ふたりとも里山より街路樹とその下に咲く草の花が好き。車で運ばれた種が街路樹の根元の土に落ちて芽を出します。初めての花を見つけるたびに摘み取って、そのまま図書館へ向かいました。特に好きだったのはタンポポ。街のタンポポは原っぱに1年中咲く外来種のセイヨウタンポポやアカミタンポポより、春だけに咲く在来種のエゾタンポポ、カントウタンポポ、カンサイタンポポ、ヒロハタンポポ、シロバナタンポポなどのほうが多かった。グンバイナズナ、タネツケバナ、スミレも好きです。夏にはシロバナユウゲショウやオシロイバナのほか数えきれない花が咲きました。

さて、どこへ行こうか、どこで昼食、どこで夕食と、あれこれ計画を立てました。1日目のランチは三菱一号館美術館のカフェがいい。

それからチェックインの時間までKITTEに入っておしゃべりをしよう。

チェックインを済ませたら銀座通りのカツラ並木を見上げながらゆっくり歩いて、伊東屋へ入りたいだろうな。ならば夕食は12階のレストランがいい。天井が高く広々して、大きなテーブルに座り心地のいい椅子、ゆっくり食べられるし、トイレが広くて清潔だもの。予約の電話を入れておけば待たずに入れる。ホテルに戻って部屋で45年分のおしゃべりの続きをしよう。一度は泊まってみたいと思いつつも、最寄り駅から東京駅は30分だから機会がない。ロビーの花、部屋の設《しつら》え、ベッドメーキング、リネン、アメニティーまでしっかり見学できると、ひと月も前からわくわくです。

お土産はなにがいい？

2019年に亡くなった母の形見分けがまだできていない。いくつかを引き継いで貰えないだろうかと、彼女に似合うブラウス2枚とそれぞれに色を合わせたバンダナを用意しました。

コロナ感染者が急増する少し前の7月初めです。私は3回目、彼女は4回目のワクチン接種済み。例年より早い梅雨明けで滞在2日共に晴れました。

夫に「急用ができたら伝言してね」とホテルの電話番号を書いたメモを机に置いて出掛け、予定どおりロビーで再会できました。

麦藁帽子にマスク姿だったけれど「智ちゃん」と呼ぶ声は45年前と同じ。

お互い10kg太っていました。

トランクを預け、ランチタイムまでには少し時間があるから新丸ビル1階、木漏れ日と緑いっぱいに囲まれたベンチに座って「どこへ行きたい」と訊いたら、「玉露を入れるときに使う1分計の砂時計を買いたい。それと本屋」

砂時計は伊東屋にあるし、GINZA SIXに蔦屋書店が入っている。

丸の内から京橋を抜けて銀座で決まり。

ランチの後、15時のチェックインまでに1時間ありました。

KITTEのエスカレーター横にある4人掛けのベンチにしよう。

私達より少しばかり年嵩《としかさ》の女性が一人座っておられました。

「よろしいですか？」と声を掛けて、

「今日、私達45年ぶりの再会です。ホテルのチェックインまで少し時間があるので」

「まぁ、なんて素敵な。私は孫と待ち合わせです」

それから、ずっと3人でおしゃべりを楽しみました。

共に夫とふたり暮らしとわかって、

「今月電気代はいくらでした？　うちはエアコンがないので4600円でした」と私が訊きました。

「まぁ」と驚いたのは電気代ではなくエアコンのないことでした。

ふたりとも20000円超え。

「いつも電気代はそれくらいですね」

「チェックインの時間ですので」と挨拶をして、エスカレーターで降りる途中、私は「さようなら」と腕を高く上げて左右に大きく振りました。彼女はにこやかに会釈。

「御孫さんと待ち合わせって本当かしら」

「わからないわ。でもあの方にとって今日がいい1日であったことは確か」


15時にチェックインを済ませて部屋へ入りました。

ロビーはもちろん、廊下のそこかしこに季節の花が飾ってあって、マッスに生けた真っ白なバラ、アジサイ、ベニバナなど、どれもプリザーブドフラワーでした。

地震国の日本では一流ホテルでも生花は飾れないのね。

プリザーブドフラワーなら、花台ごと倒れても水が入っていないから花器が割れるぐらいの被害で済みます。

天井が高く、ダブルベッドに真っ白なリネン。ベッドスローはシックなブルーとブラウンの2色使い。タオルもバスローブも真っ白。

アメニティーのセンスもよく、コーヒーはウエシマコーヒーのドリップバッグ8g。なんて素敵なの！

「ここに決めて良かったぁ」と彼女は大喜び。

「宿泊客とバンケットルーム利用客のロビーが別で、宿泊客用ロビーがコンパクトだから無駄に歩かずに済む。南口改札からコーヒーラウンジへのアプローチもよく設計されているし、4階建てに2基のエレベーターだから待たずにすぐに乗れる。セキュリティ対策と空調も完璧。バスルームのトイレにドアがついているのもいいわね」と私。

伊東屋で、木枠などの装飾がなくガラスだけで自立する1分計の砂時計を見つけました。計ってみたらぴったり1分。

「これにする」とレジへ持っていくと、奥から新しい紙箱入りを出してくれたのですが計ってみると展示品よりかなり遅い。

ふたつ並べて3回計って、「こちらをいただきます」と展示品を購入。

ほかの売場も見て回り、もう蔦屋書店までは行けそうになかったから12階のレストランへ。

入り口から一番奥、銀座通りが見渡せる窓際のテーブル。

手紙と葉書はクリスマスシーズンにネットショップで見つけるクッキー缶とペンギンブックスポストカードボックスに。

「ここのアボカドのハンバーガーは抜群に美味しいのよ」とサラダ付き、チーズなしを注文。私はホットのカフェラテで彼女はマンゴージュース。

「口の中に水泡ができるからマンゴーは食べられなくなったの。マンゴープリンもマンゴーアイスもマンゴージュースも」

「それは残念ね。私は高級メロンが食べられないよ、喉がイガイガして。安いメロンは大丈夫だけどね」

みんな、何かしら食べられないものがあるものなのね、と大笑い。

1時間半はいました。

ホテルへ戻る途中、京橋の歩道の植栽にどうみても青じそを発見。「コリウスワサビ」と書いてありました。「コリウスはシソ科でワサビはアブラナ科よ、変ね。家で調べるわ」街中の植物への好奇心はいくつになっても健在です。

翌日は11時にロビーで待ち合わせ。チェックアウトを済ませて荷物を預け、GINZA SIX の蔦屋書店へ向かう途中、ポーラミュージアムアネックスへ立ち寄りました。2階は和菓子とお茶と器のお店 HIGASHIYA です。

2500円のガラスの急須がありました。

「20代、30代では目が利かないから買えない。40代、50代に出合っていたら一目惚れ。迷わず買ったわね。60代、70代ではこんなに繊細なガラスは買えない」

次に行った蔦屋書店は美術品、工芸品も販売しています。デパートの美術品売場のような静けさで自然に小声になりました。

500万円の木彫仏像。素材はクスノキ？　とじっと見つめただけで、訊ける空気ではなかった。

「買う人いるね」

「うん、このクオリティーで500万円は安い」とふたりフーとため息。

私も持っている谷川俊太郎（著）Noritake（イラスト）『へいわとせんそう』（ブロンズ新社）が絵本売場で平積みでした。

「戦争が終わって平和になるんじゃない。平和な毎日に戦争が侵入してくるんだ」は谷川俊太郎さんの言葉です。

地下売場で職場へのお土産を買って、帰りは並木通りを歩きました。途中に無印良品があります。

「雰囲気がいいでしょ」

「店員さんがみんなにこやかね」

ぐるり回って地下のレストランへ。

「お昼は済ませたのでコーヒーだけでもいいですか？」

「どうぞ、ごゆっくり」

「エアコンなしで暮らしているのに、コーヒーも牛乳も1年中ホットよ。かき氷もアイスクリームもダメなの」と私はホットのカフェラテ、彼女はアイスコーヒー。ふたりともシュガーはなし。

1時間しゃべって出て、数件先の園芸店で切り花とドライフラワーでしか知らなかったバンクシアの鉢植えを初めて見ました。わぁ～！　こんなふうに咲くんだぁ、と感激。銀ブラは発見の宝庫です。

それにしても2日間よく歩き、よくしゃべり、よく歩き、よくしゃべりました。

最後に話したのは、私達は幸せだろうか、ということでした。戦争のニュースに心が沈む。

そんな中で、あなたは今幸せですかと問われたら「はい」と答えていいものかと戸惑う。幸福か否かは比較論だ。

戦火の報道映像が頭を過《よぎ》る。日本は戦争をしていないのだから日本人は幸福だなんて、絶対に口に出せない。じゃあ不幸だろうか。あなたは今不幸ですか、と問われたら、

「いいえ」と即答できる。

不幸じゃないと言い切れるのだから私達は幸せなのかもしれない。

降り注ぐ木漏れ日のようなささやかな幸せを大切にしようね。

ホテルに戻って預けた荷物を受け取り、新幹線の改札口。「じゃね」とハイタッチで人ごみの中に別れました。まるで明日も会う高校生みたいに。

バス待ちの本探し

敬老パスを持つまで、ほとんどバスに乗ったことがなかったのはバスを待つ時間と渋滞が嫌だったから。敬老パスなら渋滞は途中下車という手があり、園芸店の前で降りれば、時間を潰せます。問題はバスを待つ時間です。定刻に来るのならいいのだけれど10分遅れがざらにあります。バス待ちの本を持つことにしました。短文で、文字が大きく、読みやすい内容、どこからでも読み始められる武田砂鉄著『今日拾った言葉たち』(暮しの手帖社)を買いました。厚みのある本だけど、雑誌より軽いし、バッグにも買物籠にも入れやすい。これまでとはまったく違う本探しです。つぎにはどんなバス待ち本に出合えるかと本屋巡りが楽しみになりました。

『今日拾った言葉たち』の中にソーシャルメディアで話題の言葉として「名前のない家事」というのがありました。炊事、掃除、洗濯など名前のある家事とレシートの精算、なくなる前の詰め替え洗剤の購入、洗濯の前のポケットのチェックなどは名前のない家事。それをだれがやっているのかと。

夫は玄関と家の前の路地の落ち葉掃きもするので、お隣から「いつもありがとうございます。ご主人によろしく」と時々クッキーをいただきます。

買い出しにも行くし、料理は後片付けまで遣ります。私が出掛けるときに洗濯機のスイッチを入れて「終わったら干してね」と言えば、下着はランドリー、タオルは外、シャツはサンルームと分けて干します。名前のない家事を自分で抱え込まずにひとつひとつ言えばいいの。レシートの精算は電卓があればできるし、詰め替え用の洗剤はアマゾンのブラックフライデーで1年分まとめ買い、洗濯前のポケットチェックは自分でする習慣をつける。トイレットペーパーとティッシュペーパーのストックが足りなくなったら「ローソンで買ってきて」と言う。言わなければ気がつかない、言えばわかる。そういうものです。

2冊目のバス本は『ポール・ヴァーゼンの植物標本』(リトルモア)を買いました。

バスに乗ってからは本を開かないように、布袋に入れます。

押し花の写真がたくさん載っていて、持ち歩きの本に相応しい装丁の美しい本です。乗車中にもつい広げて読み始めそうです。そんなことをしたら乱視になるから自分を戒めるために布袋を縫いました。乗車したらすぐに袋に入れてバッグに仕舞います。

おしゃれを褒められて

通りすがりのマンションの駐車場で洗車中の同世代とおぼしき女性から「素敵、涼しそう！」と大声で褒めていただきました。

上は白リネンのノースリーブに黒リネンのベストを重ね着。下はサッカー生地のコットンパンツで白と藍色のストライプ。10年前から夏の定番普段着です。お気に入りというか、梅雨明けから9月いっぱいまでスーパーや図書館へはこの一揃いしか持っていません。

ベストは毎年梅雨に日焼けムラを元の真っ黒に染め直します。

長持ちの秘訣は部屋着と同じで外干しをしないこと。アイロンもあてない。さっと出掛けられるようにクローゼットに上下セットで吊るし、外出時には玄関先で水をスプレーします。部屋着なら兎も角、外へ出るには気になるハンガーしわがみるみるとれてパリッと涼しく歩けます。出先で30℃を超えそうな時間なら、水１００㎖入りスプレーヤーを持って歩きながら吹きかけます。リネンは熱伝導率がよく、すぐに気化するので、団扇《うちわ》で仰ぐような風が通り抜けます。

声をかけるのは元気な70代のおばさん。かけられるこちらも70代。

60代では無かったこと。

突然のことで笑顔を返しただけだったけれど、それでいいですよね。

知らない同士に会話は無用。

「素敵、涼しそう！」は夏の挨拶に使える、と学びました。

「暑いですね」に「暑いですね」のおうむ返しより心晴れやか。

60代の冬の挨拶は「寒いわね」に「寒いわね」でした。

70代は「素敵、暖かそう！」がいい。

普段あまりおしゃれを気に掛けていない方だと思っていたご近所の方が、黒のカシミアコートにホロホロ鳥の羽根をつけた黒のボーラーハットで玄関から出てきたときに「こんにちは。素敵な帽子ですね。よくお似合いですわ」と挨拶しました。以前は杖をついてうつむき加減にゆっくり歩いていた方だったのに、お会いするたびにどんどん姿勢がよくなります。70代からのおしゃれ効果ですね。

自分のものさしではかれるのは自身の心根だけ

70代になって周りは夫婦ふたりか、ひとり暮らしになりました。別居でそれぞれひとり暮らしの夫婦もいます。来年から居候が入るから3人になる、とメールをくれた人もいます。定年になって結婚し、お互い所有のマンションを行き来している新婚さんもいます。ペットは家族だからと猫5匹の大家族よ、という人もいます。

平均的家庭は存在しません。みんなそれぞれに普通の家庭です。「うちは居間にテレビが2台並べてあって、別々の番組をヘッドホンで観ているよ」という友人の話を聞いて「それじゃあ会話がないでしょ」と訊いたら、「そうね。夫はスポーツ観戦で私はドラマを観て、それぞれの寝室で寝るから。ほとんど会話しないわよ。喧嘩もね」と私には考えられないことを普通よ、と言う。

70歳を過ぎたのです。ものさしはみなそれぞれが作ってきました。自分と他の人ではものさしがまったく違う。自分の価値観で判断してはいけない。お互いを必要としている家族なのだから、話さないから仲が悪いと決めつけてはいけない。それに明日になったら話すかもしれないのです。だから他言無用。

２０２１年は、夫も私も自動車免許更新の年でした。車にはあまり乗らなくなっていたし、公共交通機関がこれだけ発達している横浜では、もう必要が無いだろうと更新をしなかった。暮らしをより豊かにするためにマイカーを止めた友人はたくさんいます。

でも、そのことを話すとびっくりする人もいて「えっ車を処分しなければならないほど困窮しているの」と決めつける。夫と親友のTさんは、分解して袋に入れて電車に持ち込める軽くて遠出でも快適に走れる自転車を持っていました。コロナ以前には店内に駐輪できる市内のレストランを見つけて、いっしょにランチを約束していました。そのことを「楽しそうよ」と何気なく夫と共通の友人に話したら「自転車はいいね。雨が降ったら合羽《かっぱ》を着ればいい」とちょっ

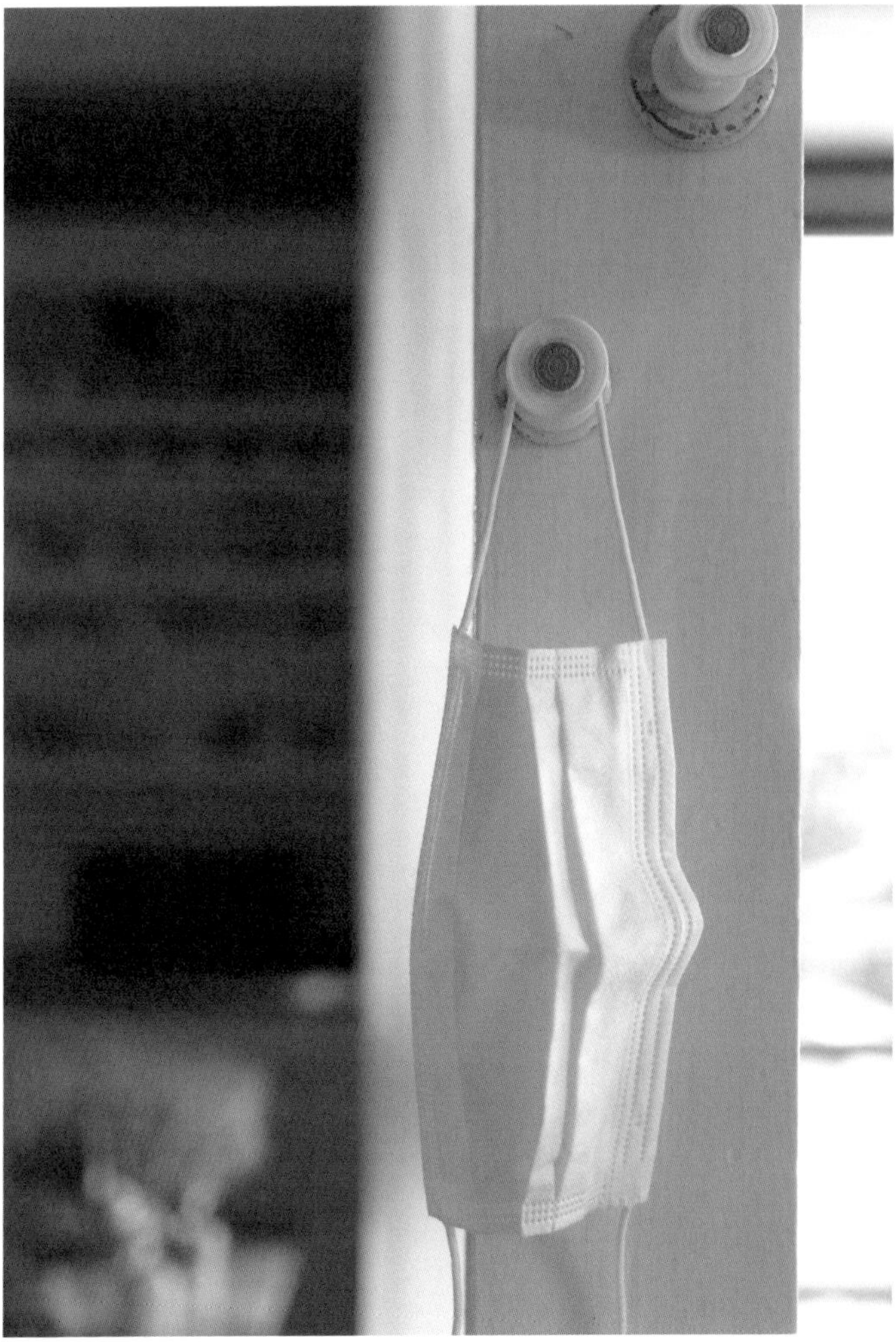

IKEAのミシン糸の糸巻きは来客用のコート掛けに作ったのですが、コロナ禍で家族のマスク掛けに、とても便利です。

と蔑《さげす》んだ口ぶりだったので言い返しました。「いいえ、雨が降ったら雨宿りをするの。虹がかかるまで」。

コロナが終息するのを待ち望んで、夫もTさんも天気の良い日は毎日1時間以上自宅の周辺を走って脚力を鍛えています。

60代にはご近所の方に老けたと思われたくないもの。化粧をせずにマンションのエレベーターに乗ると、そう親しくもない住人に顔色が悪いわと言われて憂鬱になる、とぼやく知人がいました。70代になったら、自然のまま、スッピンのほうが元気に見えると言われるそう。年齢でも時代でもそれぞれのものさしが変わっていきます。

もっとも、自分のものさしではかっているのは他人ではありません。自分が他人にどう思われたくないかをはかっているのです。

バス友

敬老パスが使えるようになって、買い出しの帰りはバスになりました。初めての日は腕時計をして時間を気にしました。でも時計を見たところで、どうなるものでもない。バスは数分おきに来るのだけれど、遅れることもあるから気にしないで待てばいいと、外しました。あるとき、明らかに年上とわかる女性に「私は毎日のようにこの時間に乗るのですが、あなたは初めてですか」と声をかけられました。

「ええ、敬老パスになってまだ半月です。ずっと歩きでしたから」

「そうですか。どこで降りられるのですか」

「○○です」

「それではここでいいですよ。6分で来ますからね。私は一つ目で降ります。あなたは70になったばかりですね。私は80です」

「まぁ、お若く見えますわ（社交辞令）」

バスが来て私は右側の一人席へ座り、その方は向かいの一人席へ座りました。一つ目のバス停で席を立ったときに「またお会いしたいわ」と笑顔で軽く会釈をされて降りられました。私も会釈を返しました。

一つ目で降りるのならバスを待つよりゆっくり歩いたほうがいいのでは、と思いました。でも、同じ時間に乗るのであれば、顔見知りができます。たまたま隣になったら「こんにちは、またお会いしましたね」「今日はいいカリフラワーがありました」とか何かしら話すこともあるでしょう。挨拶と何気ない日常会話が明るく生きる励みになっているのかも知れません。名前や家族などお互いの個人情報には触れないバス友。

だれかの厚意を温かく見守りたい

12月25日の真昼。大袋を担いだサンタクロースが町内に出没。最初に見たときは30メートル先を歩く後ろ姿だったから、追い抜かないようにゆっくり歩いて角を曲がった隙に、足早に離れました。今見たあれは一体なに？

翌年は庭の落ち葉掃きをしていた夕暮れに、路地をこちらに向かって歩いてくるのが見えたので、あわてて家の中へ入ろうとしたら「石黒さん、僕ですよ」と聞き覚えのある声でご近所さんとわかりました。赤い三角帽子に長い白髭もたくわえています。

「まぁKさんでしたか、クリスマスプレゼントを配っていらっしゃるのですか？」

「そう、町内のひとり暮らしにね」

「みなさん喜ばれるでしょう」

「こちらが笑顔を貰っているよ」

と見せてくれた袋の中身はたくさんのカップ麺でした。

見返りを求めないKさんの厚意を見守りたいと思いました。

5

あるべきものは
あるべきところに

とらやのAN PASTEがどこにもない？

取材の手土産にとらやのあんペーストをいただきました。瓶詰めは常温保存だけれど、置き忘れないようにとすぐに冷蔵庫に入れ、今にも雨が降り出しそうだから、挨拶もそこそこに庭の撮影に入りました。

撮影は順調に1時間半で終わり、疲れたので少し休みました。12月でした。

AN PASTEはクリスマスケーキに使おうとレシピを考えて、翌日。冷蔵庫を開けるとない。どこへ置いたか思い出せずにドアポケットも野菜室も冷凍室も全部見渡したけれど、どこにもない。冷蔵庫に入れたつもりでほかへ置いたのかもしれないと台所中探したけれど、ない。どこにもないのです。

もう一度冷蔵庫の隅々を見回したけれど、ない。まさか、とは思ったけれど納戸も探して、ない。

夫も手伝ってくれました。「うっかり、ゴミ箱に捨てたのかもしれないよ」

雨上がりを歩くとドングリがコトンと足元に落ちてきました。
机の上に置いて眺めたり、植木鉢で育てたり。今年は水栽培をしようと芽が出るのが待ち遠しい。

と生ゴミを全部広げて探してくれたけれど、分別ゴミの中にもないの。1日中探して、探しながら台所とクローゼットと机周りの整理をしてくたびれました。レターパックライトのストックがないこと、84円切手は50枚あるけれど25gを超えたときに貼る10円切手が無くなっていたことをメモする。明日が晴れたら郵便局へ行こう。

コラムの切り抜きを入れた箱がパンパンになっていて、読み返しながら1／4に減らす。いつもなら年末の楽しみなのだけれど。ハンガーに二つ折りで吊るしたトレンカのほころびを見つけて縫い合わせる。ヨレヨレ具合が寝間着には気持ちよくて捨てられない。捨てられないクッキー缶は子ども達の自由研究用に残して、捨てられないジャム瓶は水栽培用にいくつか残して捨てる。

コーヒーが飲みたくなって、引き出しからドリップバッグを取り出そうとして端にひとつだけ違うパッケージを見つけました。3カ月前にいただいた窒素ガス充填の高級品。封を切るとふわ～と挽きたての香りが立ちのぼって、やっぱり美味しい。そんなことをしながら暗くなって、明日にしようと翌朝です。

いつものように牛乳と卵を取り出そうと冷蔵庫を開けたら目の前にありました、当たり前にように。ここにずっとありましたよと。信じられない。あんなに何度も探したのに。

これからは、あるべきものが見あたらない天使のいたずらを「とらやのAN PASTE」と名付けようと夫と大笑い。そう言えば亡き母の口癖のひとつ「あるべきものはあるべきところに必ずある。探しなさい」を思い出しました。

同じことがあったのでしょうね、幾度も。きっと私のこれからにも。

向田邦子のエレベーター

向田邦子さんのエッセイで二番目に好きな「席とり」。エレベーターに行列の先頭で乗り込んだゆえに出るときは最後になり、演芸場でただひとり立ち見になって楽しめなかった、という話です。そんなことは順繰りにだれにでも巡ってくるものです。最初に出られるように最後に乗ろうとすると定員オーバーのブザーが鳴ったりしますからね。つぎのエレベーターでは時間切れで会場に入れてくれないかもしれません。世の中、何事も自分の計算通りにはいきません。向田さんはすでに遅刻していたにも関わらず、会場に入れたのだからよしとしなくては。自分が座ってだれか御高齢の女性がおひとりで立っているのに気付いたら、楽しめないですよ。「どうぞお掛けになってください」と席を譲って立ったほうが気持ちよく笑えます。座りたければ、十分な時間の余裕をもって出掛け、前のほうに席を取るしかありません。

私も同じで席とりがヘタです。通勤時間帯の電車で座れないのです。

銀行員時代は出社時間8時45分より1時間半前の7時15分に出社しました。ガラガラの電車で、最寄り駅の東横線学芸大学駅から乗り換えは地下鉄銀座線ターミナルステーションの渋谷駅。最後尾の車両に乗り、乗客は同じ顔ぶれでオーダーメイドとわかる紺のスーツにラウンドカフスの白無地ワイシャツ。ストライプのネクタイを締めた6人。靴は黒です。それぞれが離れたいつもの席に座り、経済新聞を広げるエリート社員。私は文庫本を読みながら2駅目の外苑前で降ります。あるとき、電車が遅れてホームに到着していませんでした。乗車口で待つと、横に立った40歳ぐらいのおじさんが、

「君はどんな仕事をしているの?」と訊きました。

「銀行で貸し付けのオフラインコンピューターの操作が主な仕事です」

「外苑前で降りるということはS銀行?」

「はい」

「女子行員がコンピューターの操作をするの」

「はい、全支店の端末機から入るデータを70人のパンチャーが打ち替えた1日分をひとりで処理します」

「そうか、もう、そういう時代なのか。コンピュータールームはどれくらいの広さなの？」

「60畳ぐらいだと思います」

「それにしても、どうしてこんなに早くに出社するの？」

「ラッシュの時間帯では本が読めないからです。それに仕事はいくらでもあります。女子行員の制服もデザインしました」

「楽しい仕事をしている人だと思っていた」

そこへ電車がホームに入っていつもの席に座りました。

その日は最後の出勤日、退職する日でした。

仕事は楽しかったし、恵まれた環境でたくさんのことを学びました。

だから、そろそろつぎの環境に移って、新たな経験をしたかった。

上司が「寿退社にすると退職金が倍になるよ」と助言してくれたけれど、

「ありがとうございます。普通退社でお願いします」と答えました。

ちなみに向田邦子さんで一番好きなエッセイは「ゆでたまご」。三番目が「手袋をさがす」。

暮らしの中で楽しむ脳トレ

　他界した義姉は身内の誕生日を記憶する人でした。家系図が頭に入っていて玄関の外から「智子さ〜ん、今日は◯◯伯母さんの誕生日よ」と叫びました。続けて伯母一族、姪孫の誕生日まで連ねます。「今日は亡くなったお義父さんの誕生日だから大好きだったお店のシュークリームを買ってきました」と我が家の分を持ってきてくださいます。そして、同居家族である姑、夫、自分、子ども達の誕生日を連ねます。私の誕生日には「智子さ〜ん、お誕生日おめでとう」の後に夫と息子の誕生日です。「どうしてですか？」と訊いたら「忘れないために」と答えました。「智子さんに言うのは、あなたは聞いてくれるから。独り言じゃあ忘れちゃうの。いつも私の頭の体操に付き合ってくれてありがとう」と朗らかに笑いました。

「ぞうさん公園きれいになったわよ。富士山も望めるし、広々と気持ちいいわ」

マッチは頭薬が黒であれば買います。ラベルを貼り替えればいいのだから。
あれこれ柄を選ぶのも脳トレのひとつです。

節分、雛祭り、お花見、七夕、お月見、家族のバースデーカードを作って冷蔵庫に貼ります。新しく作り直すのも脳トレ。

と教えてくれたのはスーパーへの途中でよく行き会う少し年上のＰＴＡ仲間だったＩさん。つぎに会った時に「ぞうさん公園、行きました。これから木が育つともっともっと緑の美しい公園になるのでしょうね。時々散歩に行きます」とお礼を言いました。「石黒さんに喜んでもらえてうれしいわ。今度会ったときのために情報を集めておくね。脳トレになるから」と言いました。だれかに喜んでもらえるための脳トレ、という考え方は素敵ですね。

結婚して岡山に暮らす従姉妹は、独身時代に飯田深雪さんの教室でアートフラワーを習いました。子どものころから手先の器用な人でしたから、布のカットから染色もすべて自分でするプロ級の腕前です。あるときポリプロピレンの衣装ケースが届いて、中にはバラ、スイートピー、ワスレナグサ、デージー、カスミソウなど見事な出来映えの造花がびっしり。

義姉と分けて部屋中に飾りました。続けているのは脳トレもあるけれど、差し上げると喜んでくださる方がいるから励みになるのと電話の声が、昔とまったく変わらずやさしい。

ひとそれぞれの脳トレです。

私も脳を意識して暮らさなければならない年になりました。苦手なことを頑張る脳トレはしたくない。テストはもってのほか。23年目のホームページ「石黒智子の一日一文」の毎日更新は今や脳トレです。スーパーで「読んでいます」と声を掛けられるとうれしい。

庭に花を育て、家族のために食卓に飾るのは花の名前を忘れないための脳トレ。

家族が「えっ、庭の花なの？」と驚く顔を見るのが楽しい。

家事をいかにラクにするかを考え、道具を手作りするのは脳トレ。いつか商品開発の仕事に繋がるかもしれない、と夢を見る。

クリスマスプレゼントを選ぶのは脳トレ。自分のものを選ぶより楽しいのは喜ぶ笑顔が浮かぶから。

70歳を過ぎたら毎日がＭＭＣ

夫の留守に夫の高校時代の友人から電話。

「別に用事はないの。どうしているかなって。とよちゃんじゃなくても奥さんと話せればそれでいいから」と30分もしゃべりました。お互いの実家や奥さんの実家にも行っているし、スキーや登山を家族ぐるみで楽しんだ付き合いです。思い出話は尽きないし、独立した子ども達の近況も時代が違うのよね、と笑いながら話せます。

「毎日が冥土の土産と楽しく暮らしている。仲間と会うときはＭＭＣだよ」

「なにそれ」

「冥土の土産クラブ」

そうか、そういう考え方っていいな、と思いました。愚痴、悪口、告げ口、憶測、悪い冗談、揚げ足取りなど冥土の土産にならないことは話題にしない、ということです。執筆中だったから受話器を置いた後、すぐにパソコンに戻りました。

夫が帰宅して、

「Yさんから電話があったわよ。伝言はなかった」

「なにか話した？」

「毎日が冥土の土産ですって。30分も話したのにほかは忘れちゃった。後で思い出すかもしれない」

「そのうち、またかけてくるだろう」

とさっぱりしたものです。夕食時にいくつかを思い出して話しました。そして、翌日には全部忘れた。70歳を過ぎたら電話の会話はそんなものです。忘れてもいいことばかり。忘れたほうがいいことばかりです。それは前に聞いたよ、などと話の腰を折らずに同じ話で笑います。

楽しいことを何度も話したいし、何度も聞きたい。

もう作者は忘れたままでいい

執筆中にパソコンの指が止まったとき、ふと脳裡を過る俳句があります。

ひとつは「じゃんけんで 負けて蛍に 生まれたの」(池田澄子)。

もうひとつが「がんばるわ なんて言うなよ 草の花」(坪内稔典)。

2時間以上座ったまま机から離れていない。さぁ、立ち上がってほかのことをなさい、と耳元で天使がささやく。

初めて読んだときは作者もしっかり覚えていました。いまは「じゃんけんで」は、すみこさんという名前の俳人としか思い出せません。すみこさんというのは身内のひとりと同じ名前だから忘れないつもりだけれど、明日に自信はない。「がんばるわ」のほうは確か男の人だったような……。

60代には思い出したくて、すぐにパソコンで検索しました。頭の片隅で物忘れを気にしていたのかもしれません。でも、70代はもういいの、作者を忘れても。

70歳を過ぎると、「作者はだれ？」と訊かれて「忘れたわ」と答えても相手は「昔は覚えていたのだろうけれど、もう思い出す必要がないのよね。でも、俳句は忘れないのだからりっぱなものよ」とやさしく受け入れてくれます。小林一茶と与謝蕪村と松尾芭蕉がごっちゃになっています。

もともと知らない歴史的建造物も年代も偉人も「知らない」じゃなくて「もう忘れた」と答えればいいの。世界遺産はモン・サン＝ミシェルなら行ったことがあるわ、ステンドグラスがきれい、で十分。

適切な単語が出てこなくなって、くどくどと言い回すことが多くなってきました。相手がそういうことになって、気がついても直してはいけない。小馬鹿にして笑ってはいけない。それよりも、その場が和やかであることのほうがずっと大事。忘れていけないのは思いやり。

日本人のよき慣習

時々駅前ですれ違う同世代の女性にお辞儀をされます。まったく見覚えがないのだけれど、話し掛けられるわけでもないから、お辞儀を返していました。あるとき、「こんにちは」と声を掛けられたので「すみません、どなたかと勘違いをされていませんか」と訊いてしまいました。「○○病院でごいっしょでした」と答えられたので、「やっぱり、人違いです。○○病院には行ったことがありません」「そうでしたか。すみません」と謝られたのですが、後になって例え人違いであっても、挨拶ぐらい交わしてもいい、訊くべきではなかったと猛省しました。どこかで会ったような気がするけれど、名前を思い出せないときにお辞儀をするのは日本人のよき慣習です。つぎにお会いしたときにはこちらからお辞儀をしようと思いました。

逆のことがありました。「すみません、どこかでお会いしたような気がするのですがお名前が出てきません。私は○○と言います。寿司屋をやっています」
「まぁ、○○さん、小学校で息子のクラスメイトだったKちゃんのお母様ですね。石黒です」「ああ、そうだわ、声で思い出しました。石黒さんですよね。何度かすれ違ってお辞儀もできずにずっと気になっていました。声を掛けてよかった。また、お会いできますように」とお辞儀を交わして別れました。

バスの停留所で高齢の男性からお辞儀をされました。同じ停留所を使うのだから、ご近所の方だと思うのだけれど、ご近所で挨拶を交わす高齢男性は数人しかいません。そのどなたでもない。その方は4つ先の停留所で、また丁寧にお辞儀をして降りました。私も慌てて深くお辞儀を返しました。

年を取ると、お辞儀をすることが多くなりますね。

おわりに

20代のころです。根津美術館へ向かう道筋にある小さな骨董店の前で足が止まりました。間口一間半ほどで、木目の美しい引き戸でした。中を覗くと壁の両側と真ん中に木枠のショーケースがあって、手描き蛸唐草文様《たこからくさもんよう》の皿が立て掛けて並べてありました。こんなにたくさんの蛸唐草を見たのは初めてでした。

お店に入るとだれもいません。手前から順に眺めて、あまりの美しさに息ができなくなりそうでした。しばらくして奥から和服姿の店主が出てきました。私がひやかしであることを見抜いて「若いときに良いものを見なさい。良いものだけを見ていれば、年齢がいったときに良いものが目に飛び込んでくるようになりますよ」とやさしく語り「蛸唐草文様は食器です。飾るために作られたのではありません。あくまで日常遣いの器ですから、手にとってその良さがわかります」と続けました。一番小さい五寸皿が1枚1８０００円でした。私にこの器を使えるような暮らしができるようになるとは到底思えませんでした。ただ良いものを見るということをずっと心に留めてきました。

店主の言ったことは本当でした。

気がつくと、そう30代後半のころからです。良いものが目に飛び込んでくるようになったのです。

その骨董店は「からくさ」。店主は中島誠之助さん。

《著者紹介》
石黒智子［いしぐろ・ともこ］
神奈川県在住。キッチン道具や器、生活雑貨など、デザイン・機能ともに優れた商品を見つけ出す名人として、数多くの雑誌などで提案している。台所用品の商品開発、商品評価の仕事でも活躍。2001年には自身のサイト「石黒智子のLife Style」を開設。商品開発を手がけた「亀の子スポンジ」（亀の子束子西尾商店）は記録的なヒットとなり、「日本パッケージデザイン大賞2017」で大賞を受賞する。おもな著書に『小さな暮らし』『60代シンプル・シックな暮らし方』（ともにSBクリエイティブ）、『捨てない知恵』（朝日新聞出版）、『探さない収納』『少ないもので贅沢に暮らす』『わたしの台所のつくり方』（いずれもPHP文庫）、『60歳からのほどよい暮らし』（PHPエディターズ・グループ）など。

写真：石黒智子
本文・カバーデザイン：飯塚文子

70歳からの軽やかな暮らし
今ここにある小さな幸せを大事にする
31の知恵と工夫

2023年4月7日　第1版第1刷発行

著　者　石黒智子
発行者　岡　修平
発行所　株式会社PHPエディターズ・グループ
〒135-0061　江東区豊洲5-6-52
TEL 03-6204-2931　http://www.peg.co.jp/
発売元　株式会社PHP研究所
東京本部　〒135-8137　江東区豊洲5-6-52
普及部　TEL 03-3520-9630
京都本部　〒601-8411　京都市南区西九条北ノ内町11
PHP INTERFACE　https://www.php.co.jp/
印刷所
製本所　凸版印刷株式会社

　ISBN978-4-569-85428-1